Geschichte und Geschehen

Die Weimarer Republik

Ludwig Bernlochner
Claus Gigl
Sepp Memminger
Dorothee Wege

Ernst Klett Verlag
Stuttgart • Leipzig

Autoren: Ludwig Bernlochner
Claus Gigl
Sepp Memminger
Dorothee Wege

Herausgeber: Ludwig Bernlochner

Layout, Einbandgestaltung und Auftaktdoppelseite: Krause Büro, Leipzig; SCHRÖDER DESIGN Leipzig, Designerin Karen Engelmann; Adam Silye, Wien

Kartenbearbeitung: Kartografisches Büro Borleis & Weis, Leipzig; Adam Silye, Wien

Grafiken: Lutz-Erich Müller, Leipzig; Adam Silye, Wien

1. Auflage 1 9 8 7 6 5 | 2020 2019 2018 2017 2016
Alle Drucke dieser Auflage können im Unterricht nebeneinander benutzt werden, sie sind untereinander unverändert. Die letzte Zahl bezeichnet das Jahr des Druckes.

Internetadresse: http://www.klett.de

Redaktion: Helga Haunschmied, Wien
DTP: Satz-Profi Josef Pavlas, 1110 Wien
Druck: Druckhaus Götz GmbH, Ludwigsburg

ISBN: 978-3-12-411583-6

Inhaltsverzeichnis

Kleine Symbole sollen dir helfen, dich in dem Heft leichter zurechtzufinden:

Besondere historische Grundbegriffe sind in einem Kasten erklärt. Du findest sie auch am Ende des Heftes noch einmal angeführt.

Das Buch bietet dir Literaturtipps, die Lupe deutet Ideen und Anleitungen für kleine Projekte an.

Zusätzlich gibt es Empfehlungen für die Nutzung des Internets. Auf der Website http://www.klett.de/online haben wir weitere Angebote für dich aufbereitet (z.B. Linktipps). Den Hinweis findest du bei den „Fragen und Anregungen“.

Zu welchen Themen es Module auf der Software gibt (DVD „Geschichte und Geschehen. Das 20. Jahrhundert. Erster Teil: Die Jahre 1914–1949“), erkennst du an der kleinen CD-ROM bei „Fragen und Anregungen“.

DIE WEIMARER REPUBLIK

Frauenwahlrecht, demokratische Verfassung, Arbeitslosenversicherung – vieles, was wir heute als Grundlage einer modernen Gesellschaft kennen, hat seinen Ursprung in der Weimarer Republik.

Die Ausgangsbedingungen der ersten deutschen Republik waren recht schwierig: Der verlorene Krieg, der revolutionäre Umbruch der politischen Ordnung und die Beschlüsse der Siegermächte über Deutschland belasteten den jungen Staat. Auch hatte die Republik von Anfang an politsche Gegner, die sie mit Gewalt bekämpften. Mitte der 1920er Jahre allerdings stabilisierten sich die Verhältnisse. Technische Modernisierung brachte einen wirtschaftlichen Aufschwung. Sozialer Fortschritt veränderte die Gesellschaft und ermöglichte ein vielfältiges kulturelles Leben. Trotzdem endete die Republik schließlich in einer toltalitären Diktatur.

Die Weimarer Verfassung, 1919

Zeitschrift aus den 1920er Jahren

Revolutionäre Soldaten am Brandenburger Tor, November 1918

Wahlplakat von 1929

Der Kaiser hat abgedankt!

Schlagzeile des „Berliner Tageblatt“ vom 9. November 1918

Philipp Scheidemann ruft am 9. November 1918 die Republik aus.

Inflationsgeld, 1923

„Deutschlands Verstümmelung“
In der Weimarer Republik weit verbreitete Karte zu den Folgen des Versailler Vertrages.

Werbeplakat, 1923

1. Der Kaiser muss gehen – Hoch die deutsche Republik!

28. Okt./3. Nov. 1918	In Wilhelmshaven und Kiel kommt es zu Matrosen- und Soldatenaufständen.
7. November 1918	In Bayern ruft Kurt Eisner nach der Abdankung des Königs die Republik aus.
9. November 1918	Die Revolution wird ausgeweitet; in Berlin wird die Republik durch Scheidemann ausgerufen (Novemberrevolution).
Januar 1919	Die Aufstände in Berlin werden niedergeschlagen; Karl Liebknecht und Rosa Luxemburg werden am 15. Januar ermordet.

M 1 Philipp Scheidemann ruft am 9. November 1918 die Republik aus.

Meuterei der Soldaten- und Arbeiterräte

Anfang Oktober 1918 hatte die OHL die deutsche Regierung aufgefordert, bei England, Frankreich und den USA um einen sofortigen Waffenstillstand zu bitten. Dies wirkte auf die Menschen in Deutschland wie ein Schock, denn jahrelang war die Öffentlichkeit durch die kaiserliche Propaganda über die wahre Kriegslage getäuscht worden. So konnten es viele Soldaten und Matrosen nicht verstehen, als sie am 28. Oktober den Befehl erhielten, mit der Kriegsflotte in den Kampf gegen England auszulaufen. In Wilhelmshaven widersetzten sich die Matrosen dem Befehl. Als die Meuterer verhaftet und nach Kiel ins Militärgefängnis gebracht wurden, demonstrierten ca. 3 000 Matrosen für die Freilassung ihrer Kameraden. Am 3. November kam es zu blutigen Straßenschlachten, die am nächsten Tag in einen Aufstand mündeten. Die Soldaten setzten die Offiziere ab und wählten nach dem russischen Vorbild von 1917 Soldatenräte, die die Macht in Kiel übernahmen. Die Arbeiter schlossen sich den Soldaten an und wählten einen Arbeiterrat. In den nächsten Tagen breitete sich der Aufstand auf alle großen Städte aus. Die Arbeiter- und Soldatenräte übernahmen die Stadtverwaltungen und Behörden und übten so die Regierungsgewalt aus.

M 2 „Brüder, nicht schießen!"
(Fotografie, 1918)
Zu sehen ist eine Arbeiterversammlung in Kiel vor einer Kaserne am 9. 11. 1918.

M 3 Revolutionäre Matrosen und Arbeiter marschieren am 9. November 1918 durch das Brandenburger Tor .
(Fotografie, 1918)
Die Matrosen geben auch hier das Signal zum Aufruhr.

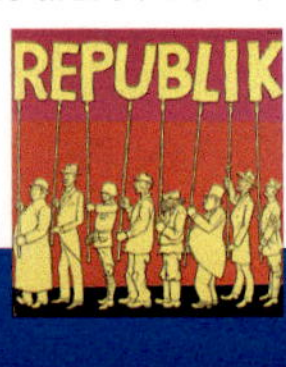

M 4 Der Rat der Volksbeauftragten
Von links nach rechts Barth (USPD), Landsberg (SPD), Ebert (SPD), Haase (USPD), Dittmann (USPD), Scheidemann (SPD).

Der Kaiser muss gehen

Bereits am 7. November hatten Arbeiter und Soldatenräte in München den König zur Abdankung gezwungen und unter der Führung von Kurt Eisner von der USPD (vgl. S. 42 ff.) den Freistaat und die Republik Bayern ausgerufen. In den folgenden Wochen wurden in allen Ländern die Fürsten zur Abdankung gezwungen.
Entscheidend waren natürlich die Vorgänge in Berlin. Hier besetzten am 9. November Arbeiter und Soldaten das Schloss; es kam zu Massendemonstrationen, bei denen lautstark die Abdankung des Kaisers gefordert wurde. Auch die SPD und die USPD forderten dies. Wilhelm II. hielt sich in der belgischen Stadt Spa auf und zögerte eine Entscheidung hinaus. Da entschloss sich der Reichskanzler, Prinz Max von Baden, die Abdankung Wilhelms II. eigenmächtig bekannt zu geben, um damit die bedrohlichen Unruhen abzuwenden. Er übergab gleichzeitig die Regierung an Friedrich Ebert, den Vorsitzenden der stärksten Oppositionspartei SPD.

Hoch auf die Republik!

Auch innerhalb der Kräfte, die das Kaiserreich abschaffen wollten, gab es sehr unterschiedliche Pläne für die Zukunft Deutschlands. Während die SPD gemäßigte Ideen hatte, wollten die USPD und der Spartakusbund eine Revolution nach dem Vorbild der Sowjetunion. Um diesen revolutionären Umsturzplänen zuvorzukommen, rief der SPD-Abgeordnete Philipp Scheidemann am Nachmittag gegen 14.00 Uhr die „Deutsche Republik" aus. Rund zwei Stunden später erklärte dagegen der Führer des Spartakusbundes, Karl Liebknecht, Deutschland zur „freien sozialistischen Republik". Damit war deutlich, dass man sich zwar in der Abschaffung der Monarchie einig war, nicht aber darin, wie die Zukunft aussehen sollte, ob parlamentarische Demokratie oder Räterepublik. Am 10. November bildete Friedrich Ebert eine provisorische Regierung, den „Rat der Volksbeauftragten" aus je drei Mitgliedern der SPD und der USPD.

Der Frieden muss organisiert werden – eine undankbare Aufgabe

Die Politiker der nichtsozialistischen Parteien verfolgten diese Ereignisse abwartend, allerdings unternahm niemand etwas, um die Monarchie zu erhalten. Wie aber sollte es nun weitergehen? Das Land war durch Kriegsende und Aufstände in Aufruhr. Die vordringlichste Aufgabe war also, den Menschen den Alltag zu sichern, die Rückführung der Soldaten zu ihren Familien und die Wiedereingliederung ins Berufsleben, die Versorgung der Verwundeten, die Umstellung der Wirtschaft auf Friedensproduktion und die Versorgung der Bevölkerung mit Nahrung und Heizmaterial. Dies allein war eine ungeheure Aufgabe, die die teilweise unerfahrenen Politiker der neuen Regierung von einem Tag auf den anderen bewältigen mussten. Daneben mussten sie aber auch noch die Verhandlungen mit den Siegermächten führen und unterzeichneten am 11. November das unvermeidliche Waf-

M 5 **Karl Liebknecht** (1871–1919) und **Rosa Luxemburg** (1870–1919)

fenstillstandsabkommen. Für diese Unterschrift wurden sie, ungeachtet ihrer Leistungen, von vielen Anhängern des Kaiserreiches als „Novemberverbrecher“ beschimpft.
Andererseits sahen die OHL und Teile der Wirtschaftsführung und Verwaltung die SPD noch als das geringere Übel an und boten aus Angst vor einem kommunistischen Umsturz ihre Zusammenarbeit an. Historiker beurteilen heute die tatsächliche Gefahr einer kommunistischen Revolution in Deutschland als sehr gering. Unabhängig davon war aber die Angst davor in der Bevölkerung sehr groß. Um den Staat funktionsfähig zu erhalten, traf Ebert mit dem Militär geheime Absprachen. Am 15. November vermittelte er ein Bündnis zwischen Gewerkschaften und Unternehmern. Die Gewerkschaften wurden anerkannt und erreichten die Gleichstellung von Männern und Frauen sowie den Achtstundentag. Die Unternehmer retteten sich dadurch vor Enteignung und Vergesellschaftung ihrer Betriebe und bewahrten ihre Macht.
Die SPD, an ihrer Spitze Friedrich Ebert, wollte keine radikale Änderung der Besitzverhältnisse bzw. Revolution, sondern eine parlamentarische Demokratie. Die USPD und der Spartakusbund jedoch wollten sich nicht mit einem Austausch an der Spitze des Staates zufrieden geben und forderten eine Rätedemokratie. Diese Streitfrage beherrschte die politischen Diskussionen. Die Entscheidung brachte der Allgemeine Kongress der Arbeiter und Soldatenräte mit 515 Delegierten aus ganz Deutschland. Er entschied sich mit großer Mehrheit für Wahlen zu einer verfassunggebenden Nationalversammlung im Januar 1919 und damit für eine parlamentarische, repräsentative Demokratie.
Gegen diesen Gang der Dinge unternahm im Januar 1919 die KPD, die sich im Dezember 1918 aus dem Spartakusbund gebildet hatte, einen Aufstand in Berlin. Als es in Berlin zu Straßenschlachten kam, setzte die Regierung neben Truppen auch so genannte Freikorps ein, die den Aufstand blutig niederschlugen. Freikorps waren Gruppen aus ehemaligen Frontsoldaten, manchmal auch Abenteurer, Studenten, Arbeitslose, die in kleinen Privatarmeen zusammen kämpften. Sie waren dabei nur ihrem Kommandeur verpflichtet, meist einem ehemaligen Offizier der kaiserlichen Armee, der auch für den Unterhalt „seiner“ Leute sorgte. Die Freikorps verstanden sich als Kämpfer gegen den Bolschewismus und rechtfertigten damit viele Gewalttaten. So wurden am 15. Januar die verhafteten Führer der KPD, Karl Liebknecht und Rosa Luxemburg, auf dem Weg zum Gefängnis von Freikorpssoldaten ermordet.

M 6

Merkmal	Parlamentarische Demokratie	Rätedemokratie
Wer trifft die politischen Entscheidungen?	Die Wahlbürgerinnen und -bürger übertragen ihre Macht durch Wahlen für eine Wahlperiode an Abgeordnete, die von den Parteien zur Wahl gestellt werden und durch die Wahl in ein Parlament entsandt werden. Die politischen Entscheidungen werden im Parlament getroffen.	Die Menschen treffen politische Entscheidungen in Räteversammlungen selbst (z. B. im Betrieb, in Wohneinheiten) und wählen Delegierte in übergeordnete Räte.
Wer kontrolliert die politische Macht?	Die politische Macht wird durch die Gewaltenteilung, durch die Opposition im Parlament, durch die freien Medien und durch die in einem festgelegten Zeitintervall stattfindenden Wahlen kontrolliert. Das Volk übt nach der Wahl keine direkte Kontrolle aus. Die Abgeordneten im Parlament entscheiden nach ihrem Gewissen frei (freies Mandat).	Das Volk kontrolliert sich in den Räten selbst. Es herrscht keine Gewaltenteilung. Die Delegierten werden unmittelbar zur Rechenschaft vor dem entsendenden Rat verpflichtet und durch jederzeit mögliche Abwahl kontrolliert. Die Delegierten müssen die Beschlüsse des entsendenden Rates vertreten (imperatives Mandat).
Wie können die unterschiedlichen Meinungen in der Bevölkerung politisch wirksam werden?	Verschiedene Interessengruppen und Parteien greifen unterschiedliche Meinungen auf, die über das Parlament in den Prozess der staatlichen Willensbildung einfließen und über die im Parlament durch Mehrheitsentscheidung bei Minderheitenschutz entschieden wird.	Die verschiedenen Meinungen werden in die Räte eingebracht. Es herrscht eine permanente öffentliche Diskussion unter gleichgestellten Menschen. Die Abstimmung entscheidet über die Durchsetzungsfähigkeit einer Meinung. Diese wird durch die Delegierten in den nächsthöheren Rat transportiert.

M 7 Aufruf für eine Nationalversammlung, Januar 1919 (Plakat des Rates der Volksbeauftragten)

M 8 Plakat zur Teilnahme an den Wahlen zur Nationalversammlung (1919)

M 9 Was aus Deutschland wird, entscheidet die Nationalversammlung

In seinen Memoiren berichtet Philipp Scheidemann, wie es nach seiner Ausrufung der Republik am 9. November 1918 zu einem Streit mit Ebert kam:

Ebert war vor Zorn dunkelrot im Gesicht geworden, als er von meinem Verhalten (der Ausrufung der Republik) hörte. Er schlug mit der Faust auf den Tisch und schrie mich an: „Ist das wahr?" Als ich ihm antwortete, dass „es" nicht nur wahr, sondern selbstverständlich gewesen sei, machte er mir eine Szene, bei der ich wie vor einem Rätsel stand. „Du hast kein Recht, die Republik auszurufen! Was aus Deutschland wird, ob Republik oder was sonst, das entscheidet eine Konstituante (Verfassunggebende Nationalversammlung)!" Wie konnte ein so kluger Mann die Situation derart falsch einschätzen, dass er selbst am 9. November noch von Regentschaft, Stellvertretung, Reichsverweser und anderem, total erledigtem monarchischen Gerümpel sprach!

Ph. Scheidemann, Memoiren eines Sozialdemokraten, Bd. 2. Dresden 1928, S. 313.

M 10 Konkursverwalter des alten Regimes

Friedrich Ebert führte in seiner Ansprache zur Eröffnung der Nationalversammlung am 6. Februar 1919 in Weimar aus:

Meine Damen und Herren, die provisorische Regierung hat eine sehr üble Herrschaft angetreten. Wir waren im eigentlichsten Wortsinne die Konkursverwalter des alten Regimes: Alle Scheuer, alle Läger waren leer, alle Vorräte gingen zur Neige, der Kredit war erschüttert, die Moral tief gesunken. Wir haben, gestützt und gefördert vom Zentralrat der Arbeiter- und Soldatenräte, unsere beste Kraft eingesetzt, die Gefahren und das Elend der Übergangszeit zu bekämpfen. Wir haben der Nationalversammlung nicht vorgegriffen. Aber wo Zeit und Not drängten, haben wir die dringlichsten Forderungen der Arbeiter zu erfüllen uns bemüht. Wir haben alles getan, um das wirtschaftliche Leben wieder in Gang zu bringen. (...) Wenn der Erfolg nicht unseren Wünschen entsprach, so müssen die Umstände, die das verhinderten, gerecht gewürdigt werden.

W. Michalka, G. Niedhart (Hg.), Deutsche Geschichte 1918–1933. Dokumente zur Innen- und Außenpolitik. Frankfurt am Main 1982, S. 51.

Fragen und Anregungen

1. Beschreibe die Gründe und die Hoffnungen, die zu den Ereignissen im November 1918 führten. (VT, M1–M4)
2. Erstelle eine Liste der Probleme bzw. Aufgaben, die sich der neuen Regierung stellten. Ordne die einzelnen Aufgaben Problemfeldern zu. Beachte, dass es nicht nur sachliche Probleme zu lösen gab. Beurteile, inwiefern sich die Probleme gegenseitig verstärkten und dadurch die Aufgabe, sie zu lösen, schwieriger wurde. (VT, M6–M10)
3. Gib die Inhalte der Plakate M7 und M8 mit eigenen Worten wieder. Das Plakat des Rates der Volksbeauftragten: Welche Gruppen der Bevölkerung spricht es an? Wie lautet seine Botschaft? Das Plakat M8: Welchen Aufruf enthält es?
4. Verfasse anhand von M9 und M10 ein Interview mit Ebert, in dem er seine Haltung in der Revolution begründet.

2. Die Weimarer Verfassung – „Die Staatsgewalt geht vom Volke aus!"

19. Januar 1919	Es finden Wahlen zur Nationalversammlung statt.
Ab 6. Februar 1919	Die Nationalversammlung tagt in Weimar.
11. Februar 1919	Friedrich Ebert wird zum Reichspräsidenten gewählt.
14. August 1919	Die Verfassung des Deutschen Reiches tritt in Kraft.

M 1 **Plakat der SPD zur Wahl der Nationalversammlung, 19. 1. 1919**

Die Nationalversammlung

Am 19. Januar 1919 fanden die Wahlen zur Nationalversammlung statt. In freier, geheimer, gleicher und direkter Wahl konnten alle Deutschen über 20 Jahre wählen. Damit hatten erstmals in Deutschland – und auch noch vor anderen Ländern – die Frauen das aktive und passive Wahlrecht. Die Nationalversammlung trat am 6. Februar in Weimar zusammen, da in Berlin immer noch Unruhen herrschten. Man hoffte bei den Siegermächten, die die Vorgänge in Deutschland genau beobachteten, mit dem Wirkungsort von Goethe und Schiller eine weltweit anerkannte, äußerst positive Seite der Deutschen ins Gedächtnis zu rufen. Dieser Tagungsort gab der Republik den Namen „Weimarer Republik".
Bei der Wahl, die nach reinem Verhältniswahlrecht durchgeführt wurde, erreichte keine Partei die absolute Mehrheit. So waren von Anfang an Kompromisse notwendig, denn für eine arbeitsfähige Regierung musste man Koalitionen mehrerer Parteien bilden. SPD, DDP und Zentrum waren sich über die Bildung einer demokratischen Republik grundsätzlich einig. Da sie zusammen mehr als 75 % der Mandate hatten, bildeten sie die erste Koalitionsregierung, die so genannte Weimarer Koalition. Mit ihren Stimmen wurde am 11. Februar Friedrich Ebert (SPD) zum ersten Reichspräsidenten gewählt.

Die Parteien – Teilinteressen und Allgemeinwohl

Anders als heute, wo sich alle Parteien bemühen, für jedermann offen zu sein, waren die Parteien am Ende des Kaiserreiches Vertreter bestimmter sozialer, religiöser und wirtschaftlicher Gruppen. Diesen Interessen fühlten sie sich meist mehr verpflichtet, als dem schwieriger zu erfassenden Wohl des ganzen Volkes. Daher standen sich einige der Parteien feindselig gegenüber. Auf der Rechten sammelten

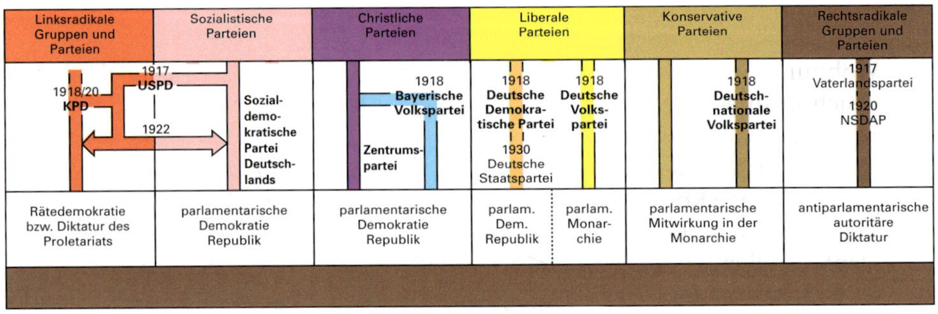

M 2 **Die Parteienlandschaft um 1918**

M 3 Wahlrednerin in Berlin (Fotografie, 1919)
Frauen machten in großer Zahl von ihrem Stimmrecht Gebrauch, 82 % nahmen an der Wahl zur Nationalversammlung teil.

sich in der DNVP konservative und kaisertreue Gruppen. Demgegenüber standen auf der Linken die USPD und die im Dezember 1918 gegründete KPD, die beide eine sozialistische Republik nach dem Vorbild der UdSSR anstrebten. Die SPD vertrat die Masse der reformwilligen Arbeiterschaft. Linksliberale schlossen sich in der DDP zusammen, die eher konservativen Liberalen bildeten die DVP, deren Schwerpunkt der Nationalgedanke war. Das Zentrum war die Partei des politischen Katholizismus, als bayerische Abspaltung davon vertrat die Bayerische Volkspartei speziell die bayerischen Interessen. Dass sich in einer so unterschiedlichen Parteienlandschaft die Zusammenarbeit auf Dauer schwierig gestaltete, ist klar. Noch dazu standen nur SPD, DDP und Zentrum voll hinter der neuen Republik und waren bereit, sie zu verteidigen.

Die erste demokratische Verfassung Deutschlands

Nach schwierigen Beratungen, die noch dadurch erschwert wurden, dass gleichzeitig der Friedensvertrag mit den Siegermächten ausgehandelt werden musste, wurde die Weimarer Verfassung am 12. Juli 1919 vom Parlament beschlossen und trat am 14. August 1919 in Kraft. Deutschland war nun eine parlamentarische Demokratie, in der zum ersten Mal in der deutschen Geschichte „alle Gewalt vom Volke“ ausgehen sollte. Dieser Grundsatz der Volkssouveränität wurde durch das allgemeine Wahlrecht bestätigt. In reiner Verhältniswahl sollte das Parlament als wichtigstes Organ der Gesetzgebung gewählt werden. Volksbegehren und Volksentscheid kamen als Elemente der direkten Demokratie hinzu.
Zu den garantierten Grundrechten gehörten: Freiheit der Person, Unverletzlichkeit der Wohnung, Rede- und Pressefreiheit, Glaubens- und Gewissensfreiheit, das Recht sich in Interessengruppen und Parteien zusammenzuschließen, der Schutz des Eigentums und die Gleichheit vor dem Gesetz, die Männern und Frauen grundsätzlich die gleichen staatsbürgerlichen Rechte und Pflichten garantierte. Durch gegenseitige Kontrolle von Reichsregierung, Reichstag und Reichspräsident wollte man die Demokratie besonders stabil machen. Allerdings erhielt der Reichspräsident vor allem durch Art. 48 der Reichsverfassung eine so starke Stellung, dass man von einem Ersatzkaiser sprach.

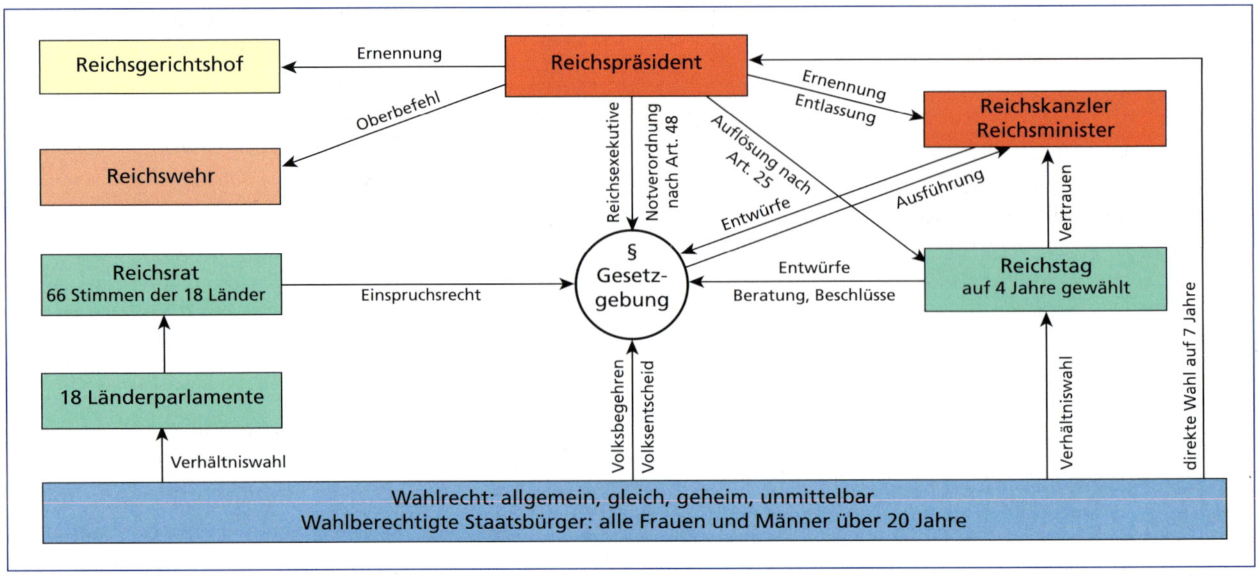

M 4 **Die Weimarer Verfassung**

M 5 Art. 25 und Art. 48 der Weimarer Verfassung

Art. 25: Der Reichspräsident kann den Reichstag auflösen, jedoch nur einmal aus dem gleichen Anlass (...).
Art. 48: Der Reichspräsident kann, wenn im Deutschen Reich die öffentliche Sicherheit und Ordnung erheblich gestört oder gefährdet wird, die zur Wiederherstellung der öffentlichen Sicherheit und Ordnung nötigen Maßnahmen treffen, erforderlichenfalls mithilfe der bewaffneten Macht einschreiten. Zu diesem Zweck darf er vorübergehend die (...) Grundrechte ganz oder zum Teil außer Kraft setzen.

P. Longerich (Hg.), Die Erste Republik. Dokumente zur Geschichte des Weimarer Staates. München 1992, S. 104.

M 6 **„Sie tragen die Buchstaben der Firma, wer aber trägt den Geist?“**
(Karikatur von Th. Th. Heine aus dem „Simplicissimus“, 1927)

Weimarer Verfassung

Die Weimarer Verfassung, so benannt nach dem Ort, in dem sie durch die Nationalversammlung beschlossen wurde, ist die erste demokratische Verfassung Deutschlands. Der Reichstag wurde dabei nach dem Verhältniswahlrecht gewählt. Bei der Verhältniswahl werden die Sitze im Parlament im gleichen Verhältnis verteilt, wie die Partei bei der Wahl Stimmen erhalten hat. Ein Vorzug der reinen Verhältniswahl ist die Wahlgerechtigkeit, da keine Stimme verloren geht. Der Nachteil liegt in der möglichen Parteienzersplitterung, da jede noch so kleine Partei im Parlament vertreten ist. Dies war auch ein Problem in der Weimarer Republik, das vor allem in der Endphase die Regierungsarbeit fast unmöglich machte.

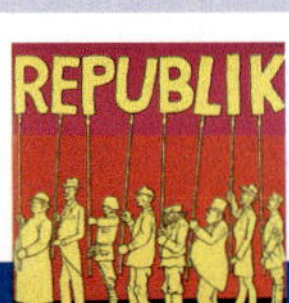

M 7 Politische Grundsätze der wichtigsten Parteien zu Beginn der Weimarer Republik

a) KPD (Kommunistische Partei Deutschlands) 1919:
Die Revolution (...) hat eine zweifache Aufgabe: 1. Die Beseitigung der politischen Unterdrückung und Aufhebung des kapitalistischen Ausbeutungsverhältnisses. 2. Die Ersetzung des kapitalistischen Ausbeutungsverhältnisses durch die sozialistische Produktionsordnung hat zur Voraussetzung die Beseitigung der politischen Macht der Bourgeoisie und deren Ersetzung durch die Diktatur des Proletariats.

b) USPD 1919:
Die Unabhängige Sozialdemokratische Partei setzt der Herrschaftsorganisation des kapitalistischen Staates die proletarische Herrschaftsorganisation auf der Grundlage des politischen Rätesystems entgegen, dem bürgerlichen Parlament, als dem Ausdruck des Machtwillens der Bourgeoisie, den revolutionären Rätekongress. Die Umwandlung der kapitalistischen Wirtschaftsanarchie in die planmäßige sozialistische Wirtschaft erfolgt durch das wirtschaftliche Rätesystem.

c) SPD 1921:
Die Sozialdemokratische Partei (...) betrachtet die demokratische Republik als die durch die geschichtliche Entwicklung unwiderruflich gegebene Staatsform, jeden Angriff auf sie als ein Attentat auf die Lebensrechte des Volkes. (...) Sie kämpft um die Herrschaft des im freien Volksstaat organisierten Volkswillens über die Wirtschaft, um die Erneuerung der Gesellschaft im Geiste sozialistischen Gemeinsinns.

d) Zentrumspartei 1923:
Die Stellung der Zentrumspartei zu den innerstaatlichen Angelegenheiten wird durch die christliche Staatsauffassung und durch den überlieferten Charakter als Verfassungspartei bestimmt. Jeden gewaltsamen Umsturz der verfassungsmäßigen Zustände lehnt sie grundsätzlich ab. (...) Die Zentrumspartei bekennt sich zum deutschen Volksstaat, dessen Form durch den Willen des Volkes auf verfassungsmäßigem Wege bestimmt wird. (...) Die Vorherrschaft einer Klasse oder Kaste ist mit dem Wesen des Volksstaates unvereinbar.

e) DDP 1919:
Die Deutsche Demokratische Partei steht auf dem Boden der Weimarer Verfassung; zu ihrem Schutz und zu ihrer Durchführung ist sie berufen. (...) Die Deutsche Republik muss ein Volksstaat sein und (...) zugleich ein Rechtsstaat. Wir erstreben die Einheit des Reiches, aber unter Berücksichtigung und Erhaltung der Eigenart der deutschen Stämme.

f) DVP 1919:
Die Deutsche Volkspartei wird den Wiederaufbau des deutschen Reiches mit allen Mitteln fördern. (...) Die Deutsche Volkspartei fordert den deutschen Einheitsstaat mit weitgehender Selbstverwaltung und Sicherung der Eigenart der einzelnen geschichtlich, kulturell und wirtschaftlich zusammenhängenden Landschaften. (...) Die Deutsche Volkspartei erblickt in dem durch freien Entschluss des Volkes auf gesetzmäßigem Wege aufzurichtenden Kaisertum, dem Sinnbild deutscher Einheit, die für unser Volk nach Geschichte und Wesensart geeignetste Staatsform.

g) DNVP (Deutschnationale Volkspartei) 1920:
Die monarchische Staatsform entspricht der Eigenart und geschichtlichen Entwicklung Deutschlands. Über den Parteien stehend verbürgt die Monarchie am sichersten die Einheit des Volkes, den Schutz der Minderheiten, die Stetigkeit der Staatsgeschäfte und die Unbestechlichkeit der öffentlichen Verwaltung. Die deutschen Einzelstaaten sollten freie Entschließung über ihre Staatsform haben; für das Reich erstreben wir die Erneuerung des von den Hohenzollern aufgerichteten deutschen Kaisertums.

Geschichte in Quellen, Weltkriege und Revolutionen 1914–1945. München 1979, S. 166–169.

Fragen und Anregungen

1. Beschreibe mithilfe der Verfassungsskizze und der Quellentexte die Aufgaben des Reichspräsidenten. Nimm dazu Stellung, inwiefern man diesen als „Ersatzkaiser" bezeichnen kann. Stelle ihm die Funktion des Reichskanzlers gegenüber. (M4, M5)
2. Erarbeite aus den Quellen die Ziele der Parteien und ordne die Parteien damit verschiedenen Interessengruppen in der Bevölkerung zu. (M7)
3. Stelle fest, bei welchen Parteien du übereinstimmende Ideen findest und welche wohl Gegner waren. (M7)
4. Erarbeite aus den Quellen die Haltung der Parteien zur Republik. (M7)
5. Erkläre den Begriff „Weimarer Koalition". (VT)

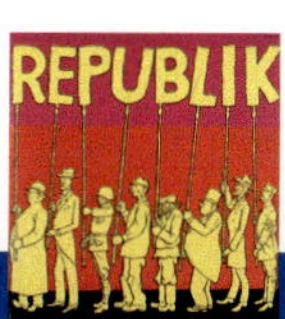

3. Die Republik ist bedroht

Der Kriegsschuldartikel und die Reparationsfrage

So unterschiedlich die Meinungen in Deutschland zu dieser Zeit auch waren, eine große Übereinstimmung herrschte in der Empörung über die harten Friedensbedingungen des Vertrages von Versailles. Der Vertrag war seit Januar 1919 von den Siegermächten ausgearbeitet worden, während in Deutschland um die innere Ordnung und die Gestaltung des neuen Staates gerungen wurde. Deutsche Vertreter hatten die Siegermächte bei den Verhandlungen nicht zugelassen. Besondere Erbitterung empfanden die meisten Deutschen über den so genannten Kriegsschuldartikel. Damit ist der Artikel 231 des Versailler Friedensvertrages gemeint, in dem Deutschland die Hauptschuld am Ausbruch des Krieges und seinen Folgen gegeben wurde. „Die alliierten und assoziierten Regierungen erklären und Deutschland erkennt an, dass Deutschland und seine Verbündeten als Urheber für alle Verluste und Schäden verantwortlich sind, die die alliierten und assoziierten Regierungen und ihre Staatsangehörigen infolge des Krieges, der ihnen durch den Angriff Deutschlands und seiner Verbündeten aufgezwungen wurde, erlitten haben."

M 1 Plakat der DNVP zur Reichstagswahl 1920

Der Kriegsschuldartikel verpflichtete Deutschland, Reparationen für alle Kriegsschäden in den alliierten Staaten zu zahlen, jedoch blieb die Höhe der Zahlungen noch offen. Damit schwebte diese Frage von Anfang an als Problem über dem neuen Staat. Die folgenden Reichsregierungen versuchten, durch möglichst genaue Erfüllung der Reparationen den Siegermächten den guten Willen Deutschlands zu zeigen und auch zu beweisen, dass die Forderungen unerfüllbar waren. Dadurch sollten die Alliierten zu einer Festlegung und Senkung der Reparationen bewegt werden. Genau diese Bemühungen stellten die rechten Gruppen in der Öffentlichkeit als weiteren Verrat der republikanischen Politiker hin. So wurde dieses Problem zwischen Deutschland und den Alliierten zu einer Dauerbelastung für die innenpolitischen Verhältnisse in Deutschland.

Rufmord und Mord

Die neu gegründete Republik war für viele Bürger in Deutschland nur eine Notlösung, nicht der Staat, den sie sich wünschten. Es gab auch einige Gruppen, die jede Art von demokratischer oder republikanischer Ordnung ablehnten. Diese Feinde der Weimarer Republik hatten sehr unterschiedliche Ziele: Die Linksradikalen wollten einen sozialistischen Staat nach dem Vorbild der Sowjetunion. Die alten Führungskreise aus Adel, Militär, Verwaltung und Wirtschaft wollten ein neues deutsches Kaiserreich errichten. Einig waren sie sich nur in dem Hass auf die neue Republik und deren Vertreter. Dabei nutzten sie aus, dass überall in Deutschland die Empörung über die Bedingungen des Friedensvertrages von Versailles groß war. Da aber selbst Hindenburg und die OHL jeden militärischen Widerstand für sinnlos erklärten, stimmte die Mehrheit der Nationalversammlung dem Vertrag nach erbitterten Debatten notgedrungen zu. Eine Delegation deutscher Politiker, darunter auch der Zentrumspolitiker Matthias Erzberger, unterzeichnete den Vertrag am 28. Juni 1919 in Versailles. Diese Zustimmung aber warfen die Rechtsradikalen der Regierung als Verrat an Deutschland vor, Politiker, die sich dafür eingesetzt hatten, beschimpften sie als „Erfüllungspolitiker", die sich auf Kosten des Vaterlandes mit den Alliierten verständigen wollten.
Mit dieser Verdrehung der Tatsachen hetzten nationalistische, antisemitische und konservative Gruppen und Parteien mit Beleidigungen und Verleumdungen in der Öffentlichkeit gegen die junge Republik. Diese Gedanken nahmen terroristische Einzeltäter und Geheimbünde aus ehemaligen Freikorpsmitgliedern auf und verübten Attentate auf republikanische Politiker.

REPUBLIK

Die Dolchstoßlegende

Ein Instrument dieser Hetze war die so genannte Dolchstoßlegende. Im September 1919 mussten sich Hindenburg und Ludendorff vor einem Untersuchungsausschuss verantworten. Dort verlas Hindenburg eine Erklärung, die der DNVP-Chef Helfferich für ihn vorbereitet hatte. Darin hieß es, dass die „deutsche Armee nicht von feindlichen Truppen besiegt worden“ sei, sondern dass „Verrat und Revolution in der Heimat den deutschen Soldaten von hinten erdolcht“ hätten.
Heute ist eindeutig erwiesen, dass dies eine Lüge war, mit der die OHL den Politikern der neuen Republik die Schuld für die Niederlage in die Schuhe schieben wollte. Dass ihnen dies zum großen Teil gelang, zeigt sich daran, dass die Dolchstoßlegende und das damit verbundene Schimpfwort „Novemberverbrecher“ für demokratische Politiker bis zum Ende der Republik ein Hauptargument in der Propaganda der Rechten blieb.

Der Kapp-Putsch und das republikfeindliche Verhalten der Reichswehr

Als die Reichsregierung Anfang März 1920 die Auflösung des Freikorps „Marine Brigade Ehrhardt“ anordnete, wollten Freikorpsführer, kaisertreue Offiziere und Politiker unter der Führung des hohen Verwaltungsbeamten Kapp die Regierung stürzen. Am 13. März ließ Kapp das Regierungsviertel in Berlin von der Brigade Ehrhardt besetzen und sich zum Reichskanzler ausrufen. In dieser Notsituation weigerte sich die Reichswehrführung, die gewählte Regierung zu schützen. „Reichswehr schießt nicht auf Reichswehr“ war die Begründung des Generals von Seeckt. Damit war klar, dass die Reichswehr nicht hinter der Republik stand. Daraufhin riefen linke Parteien und Gewerkschaften den ersten politischen Generalstreik in Deutschland aus. Die Arbeiter verweigerten die Arbeit, die Beamten führten keine Anweisung der Putschisten aus. Da auch die Reichswehr den Putsch nicht aktiv unterstützte, brach er schließlich zusammen. Gegen den Kapp-Putsch erhoben sich vor allem in Thüringen, Sachsen und im Ruhrgebiet Arbeiteraufstände, die von Kommunisten geführt wurden. Gegen diese „Rote Armee“ war die Reichswehr bereit zu kämpfen. Die Aufstände wurden in bürgerkriegsähnlichen Schlachten niedergeschlagen. Dadurch wurden die Gegensätze zwischen rechts und links weiter verschärft, die Radikalisierung schritt fort.
Diese Ereignisse zeigten, dass die Reichswehr zwar gegen linke Kräfte kämpfte, aber nicht bereit war, die Republik grundsätzlich zu schützen. Viele Offiziere standen innerlich der Republik ablehnend gegenüber und empfanden sich nicht als ein Teil von ihr. Dadurch entwickelte sich die Reichswehr als ein „Staat im Staate“.

M 2 Plakat von KPD/Spartakus zur Reichstagswahl 1920
Angehörige der Partei bekämpften die Republik, weil ihnen die wirtschaftlichen und politischen Veränderungen nicht revolutionär genug waren. Auch die kommunistische Agitation arbeitete mit antisemitischen Klischees (z. B. Gesichtszüge der Figur im Vordergrund links).

Rufmord ...

M 3 Friedrich der Vorläufige“ (Karikatur, 1919)
Als Friedrich Ebert am 28. 2. 1925 starb, war das die Folge einer verschleppten Blinddarmentzündung. Er hatte die Operation hinausgeschoben, um einen Prozess gegen Beleidigung und Verleumdung zu führen. „Es geht nicht, ich muss um meine Ehre kämpfen, nein, um die des Staatsoberhauptes“, hatte er Freunden gesagt, die ihn bewegen wollten, ins Krankenhaus zu gehen. 150 derartige Prozesse führte Ebert in seiner Amtszeit.
Die Karikatur ist mit „Friedrich der Vorläufige“ betitelt. Beschreibe die Haltung Eberts und die Herrschaftssymbole. Setze dazu den Titel der Karikatur in Beziehung. Suche Begründungen, warum Ebert gegen solche Beleidigungen kämpfte.

M 4 „An die Kurzsichtigen“
(Karikatur von Werner Hahmann, 1919)
Die Karikatur hatte die Legende: „An die Kurzsichtigen. Ihr sucht die Wahrheit? Wenn sie aber erscheint, wünscht Ihr sie zu allen Teufeln!“ Achte auf Einzelheiten der Symbolfigur für Verrat und Revolution.

M 5 Politisches Hetzlied
In der Zeit, als Walther Rathenau Reichsaußenminister und Joseph Wirth Reichskanzler waren, wurde das folgende Lied in Studentenverbindungen und Kreisen ehemaliger Frontsoldaten gerne gesungen:
Wenn einst der Kaiser kommen wird,
schlagen wir zum Krüppel den Wirth,
knallen die Gewehre tack, tack, tack,
auf's schwarze und auf das rote Pack.
Haut immer feste auf den Wirth!
Haut seinen Schädel, dass es klirrt!
Knall ab den Walther Rathenau,
die gottverfluchte Judensau!

LITERATURTIPP
Weimarer Republik/Nationalsozialismus. Leipzig, Stuttgart, Düsseldorf: Ernst Klett Schulbuchverlag 2005.
In dem Themenheft finden sich vielfältige Kapitel zur deutschen Geschichte von 1918 bis 1945.

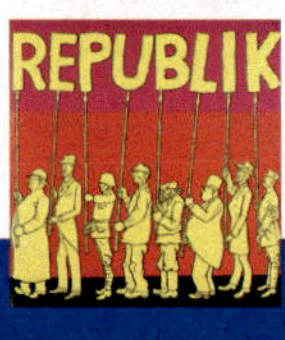

... und politischer Mord

M 6 Folgende Morde und Mordversuche an bekannten Politikern wurden verübt:

15. 1. 1919	Rosa Luxemburg und Karl Liebknecht (KPD)
21. 2. 1919	Kurt Eisner (USPD), seit 1918 bayerischer Ministerpräsident
26. 8. 1921	Mathias Erzberger (Zentrum), 1919–1920 Reichsfinanzminister
4. 6. 1922	Philipp Scheidemann (SPD), 1919 Ministerpräsident, durch Blausäureattentat verletzt
24. 6 .1922	Walther Rathenau (DDP), 1922 Reichsaußenminister
20. 10. 1922	Attentatversuch auf Joseph Wirth (Zentrum), 1921/1922 Reichskanzler

Gegen Erzberger hatte der VP-Chef Helfferich mit einer Schmähschrift „Fort mit Erzberger" öffentlich gehetzt. Rathenau und Erzberger waren bei den Rechtsradikalen besonders verhasst. Beide hatten sich bemüht, in Verhandlungen mit den Alliierten deren Forderungen zu mildern. Allein dieses Verhalten galt bei den Rechten als Verrat.

Die Verbindung zwischen denen, die mit Worten hetzten, und den Gewalttätern erkannten auch die Zeitgenossen. So machte Reichskanzler Wirth öffentlich den DNVP-Chef Helfferich für den Mord an Rathenau verantwortlich. Bei der Totenfeier für Rathenau rief er ihm zu: „Da steht der Feind, der sein Gift in die Wunden des Volkes träufelt. Da steht der Feind – und darüber ist kein Zweifel: Dieser Feind steht rechts!"

Zusammenstellung d. Verf.

M 7 Gerechte Richter?
Rechtsprechung 1918–1922:

Politische Morde begangen von:	Links-stehenden	Rechts-stehenden
Anzahl der Morde	22	354
Ungesühnte Morde	4	326
Teilweise gesühnte Morde	1	27
Gesühnte Morde	17	1
Verurteilte Mörder	3	24
Freigesprochene Täter	–	23
Hingerichtete Mörder	10	–
Freiheitsstrafe je Mord	15 Jahre	4 Monate

Zit. nach: E. J. Gumbel, Vier Jahre Mord. Berlin 1922, S. 81.

M 8 Politische Morde 1921/1922
(Zeichnung und Gedicht aus einer sozialdemokratischen satirischen Zeitschrift vom 14. Juli 1922)

Fragen und Anregungen

1. Erkläre den Begriff „Dolchstoßlegende" und seine Folgen für die Republik. (VT, M4)
2. Erkläre den Ausdruck, die Reichswehr sei „Staat im Staate" gewesen. (VT)
3. Aufstellungsspiel: Betrachtet die Karikatur auf Seite 12 (M6) und versucht Aussehen und Kleidung der dargestellten Personen den politischen Gruppen und Parteien der Weimarer Republik zuzuordnen. Schneidet aus Karton die Buchstaben aus und stellt die Zeichnung nach. Jede Person beschreibt kurz, zu welcher Gruppe sie gehört und was sie von der Republik hält. Stellt euch nun in verschiedenen Reihenfolgen auf, indem ihr mit anderen Buchstaben um euren Platz streitet. Welches Problem für das Wort und seine Lesbarkeit ergibt sich? Erklärt im Anschluss an diese Szene, welchen Sinn die Überschrift der Karikatur hat.
4. Charakterisiere die Rechtsprechung in Deutschland anhand der Tabellen. (M6, M7)
5. Diskutiert über den Zusammenhang zwischen Rufmord und Mord. (M3–M8)

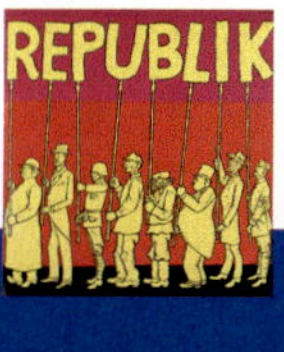

Politische Plakate untersuchen

Du hast dich bereits öfters mit der Beschreibung und Interpretation von Bildern beschäftigt.

Plakate sind auch Bilder, daher können wir einige Methoden der historischen Bildbeschreibung hier anwenden. Jedoch gibt es einige Besonderheiten zu beachten. So wenden sich Plakate, mehr als andere Bilder, bewusst an den Betrachter. Sie wollen ihn nicht informieren, sondern ihm eine Botschaft vermitteln, ja mehr noch, sie wollen ihn beeinflussen. Das heißt, sie beziehen klar Stellung. Wir müssen also untersuchen, was auf dem Plakat positiv dargestellt ist und welche Feindbilder und Angriffe wir erkennen.

M 1 **Im Regierungsauftrag erstelltes Plakat vom Dezember 1918 für die Wahl zur Nationalversammlung im Januar 1919.**

Doch wie erreichen Plakate diese Wirkung?
Der Grafiker Lüthy beschrieb 1921, welche inhaltlichen und künstlerischen Gesichtspunkte bei der Produktion eines politischen Plakates von Bedeutung sind:

a) „Jeden (...) mit telepathischem Griff **fesseln,**
b) sein **Gehirn** durch ein kurz orientierendes Schlagwort in die gewollte politische Richtung drängen,
c) sein Interesse durch den Witz satirischer Verstellung erhaschen,
d) sein **Herz** durch die **Schönheit** und Anmut des Bildes gewinnen,
e) den **Abscheu** vor der „anderen Richtung“ erregen oder
f) durch dekorative und **symbolische** Glorifizierung besonderer politischer Ideen für die eigene Sache **gewinnen** und bestärken.“

Diese Kriterien können wir also als Ergänzung zu den schon bekannten Arbeitsfragen der Bildbeschreibung für eine Analyse politischer Plakate verwenden. Wir müssen jedoch bedenken, dass nicht alle gleichermaßen auf jedes Plakat zutreffen.

Methodische Arbeitsschritte:

1. Sachanalyse:

a) Sammeln erster Eindrücke: Wie wirkt das Plakat auf den ersten Blick, was fällt spontan auf?
b) Konkretisierung: Welche Details sind abgebildet, in welcher Anordnung und Größe, welche Farben wurden verwendet, welche anderen grafischen Elemente; welche Textaussagen in welcher Anordnung enthält das Plakat?
c) Vorwissen einbringen: Was weißt du über Entstehungszeit und -anlass, wer ist der Auftraggeber, welches Thema wird angesprochen?

2. Interpretation:

Wodurch gewinnt und fesselt das Plakat? In welche Richtung soll der Betrachter gelenkt werden? Gibt es eine bestimme Adressatengruppe? Gibt es ein Freund- oder Feindbild? Gibt es Symbole, die eine bestimmte Richtung verherrlichen oder Abscheu erregen sollen? Mit welchen Elementen des Plakates, die du in der Sachanalyse festgestellt hast, wird diese Wirkung erreicht?
Am Beispiel des Plakates der DNVP aus dem Wahlkampf von 1924 wollen wir eine solche Analyse

M 2 Plakat der DNVP aus dem Wahlkampf von 1924

üben. Als ersten Schritt stellst du genau fest, was du konkret siehst, wie in einer Bildbeschreibung (Sachanalyse).

a) Wodurch **fesselt** das Plakat? Die Farbgebung, die immer wichtig ist bei Plakaten. Hier sticht grelles Rot und Schwarz auf weißem Hintergrund sofort ins Auge. Überlege, an welcher Stelle, dieser Kontrast besonders auffällt.

b) Das **Gehirn, also das Denken,** wird hier zwar nicht durch ein geschriebenes Schlagwort gelenkt, aber man erkennt in der Szene, besonders in der Tat der roten Figur, ein Schlagwort wieder, das du auf S. 15 kennen gelernt hast: die Dolchstoßlegende. Damit knüpft das Plakat daran an, was der Betrachter erkennt.

c) **Satirische oder witzige** Elemente fehlen hier.

d) + e) **Das Herz, die Gefühle** des Betrachters werden hier zwar erregt, aber nicht durch **Schönheit**, sondern eher durch das Gegenteil: **Abscheu** wird hervorgerufen. Betrachte neben der Farbgebung die Bewegungen, die Körperhaltung, den Gesichtsausdruck der Figuren und beschreibe sie, so wie du es auch bei anderen Bildquellen tun würdest. Du hast hier ein Opfer, das offensichtlich schmerzverzerrt und überrascht ist, damit erregt es Mitleid. Die kleine, verzerrt gezeichnete Figur in Rot sticht dem Soldaten brutal in den Rücken. Diese Heimtücke erregt den Abscheu des Betrachters.

f) Insgesamt **symbolisieren** die beiden Figuren politische Seiten: Der Soldat steht für die nationalen Soldaten, auch Freikorpsleute, also die Vertreter der DNVP. Der Mörder ist durch die Farbe Rot und die Arbeitermütze klar als Angehöriger der Linken Parteien gekennzeichnet, wobei hier nicht unterschieden wird, zu welcher Partei er gehört. Der Abscheu gegen die Mörderfigur soll auf die Vertreter der linken, „roten“ Parteien übertragen werden, die Sympathie für das Opfer soll Stimmen für die DNVP **gewinnen**.

Ein weiteres, bisher nicht genanntes Merkmal politischer Plakate ist also auch die **Vereinfachung von Problemen**. Man kann sogar von „Schwarz-Weiß-Malerei“ sprechen.

Fragen und Anregungen

1. Wende nun die vorgestellte Methode bei einem anderen Plakat (M1) an. Achte auf die Symbolfiguren und ihre Attribute.
2. Bildet Gruppen und untersucht die Wahlplakate im gesamten Kapitel. Stellt eine Liste auf, welche Plakate eher für und welche gegen etwas werben.
3. In kaum einer anderen Epochen haben Plakate als Mittel für politische Werbung mehr Bedeutung als in der Weimarer Republik. Warum?
4. Diskutiert, welche Plakate eurer Vorstellung von einer Demokratie widersprechen.
5. Vergleicht politische Plakate unserer Zeit. Wo findet ihr Gemeinsamkeiten und Unterschiede?

4. Das Krisenjahr 1923

11. Januar 1923	Das Ruhrgebiet wird durch eine französisch-belgische Armee besetzt; Beginn des Ruhrkampfes.
16. September 1923	Reichskanzler Stresemann verkündet den Abbruch des Ruhrkampfes.
November 1923	Die Rentenmark wird nach einer Währungsreform eingeführt.
8./9. November 1923	Der Hitler-Ludendorff-Putsch scheitert in München.

M 1 **Notgeld aus Westfalen** (1923)

Streit um die Reparationen – der Ruhrkampf

Nach langen Verhandlungen, zu denen Deutschland zuerst nicht zugelassen worden war, einigten sich die Siegermächte 1921 auf die Höhe der Reparationszahlungen, die Deutschland leisten sollte: 121 Milliarden Goldmark. Um guten Willen zu zeigen, erbrachte Deutschland 1922 Leistungen im Wert von 1,5 Milliarden Reichsmark. Nur die Lieferungen an Holz und Kohle waren leicht im Rückstand. Dies nahm die französische Regierung jedoch zum Anlass, mit Unterstützung von Belgien und Italien einen vorsätzlichen Bruch des Reparationsabkommens durch Deutschland festzustellen. Am 11. Januar marschierten 60 000 belgische und französische Soldaten ins Ruhrgebiet ein und besetzten dieses wichtigste deutsche Industriegebiet als „Pfand“, bis Deutschland seine Verpflichtungen erfüllte. In ganz Deutschland löste dieser kriegerische Schritt einhellige Empörung aus. Die Regierung rief zum passiven Widerstand auf. Zwar kamen die Menschen im Ruhrgebiet zu ihren Arbeitsplätzen, doch kein Förderband mit Kohle lief, kein Waggon wurde ent- oder beladen, kein Zug verließ den Bahnhof.

Die Besatzungstruppen versuchten den Widerstand mit Gewalt zu brechen, indem sie Leute verhafteten und aus dem Ruhrgebiet auswiesen. Dies schürte die Wut in der Bevölkerung und stachelte Radikale von links und rechts zu Sabotageakten an: Brücken wurden gesprengt, besetzte Häuser flogen in die Luft, Kohleschiffe sanken. Die französischen und belgischen Truppen schossen auf die Demonstranten, ließen Saboteure hinrichten und trennten das Ruhrgebiet durch eine Zollgrenze vom übrigen Reichsgebiet ab. So schaukelte sich der passive Widerstand zu einem kriegsähnlichen Kampf an der Ruhr hoch. Doch trotz der Verbissenheit, mit dem der Ruhrkampf geführt wurde, setzte sich keine der beiden Seiten durch. Frankreich förderte fast keine Kohle. Außerdem hatte es durch sein gewaltsames Vorgehen den Protest der USA und Großbritanniens hervorgerufen, die nun bereit waren, mit Deutschland zu verhandeln. Das ohnehin schon geschwächte Deutschland geriet wirtschaftlich und innenpolitisch in die Krise.

Die Inflation „galoppiert“

Der Ruhrkampf verschärfte die schon bestehenden finanziellen Probleme Deutschlands. Die Weimarer Republik hatte vom Kaiserreich nicht nur die schwierigen Friedensverhandlungen übernommen, sondern auch die Schulden, die der Krieg hinterlassen hatte. Im Krieg hatte die kaiserliche Regierung Kriegsanleihen in Höhe von 154 Milliarden Reichsmark an die Bevölkerung verkauft, um den Krieg zu finanzieren. Nach dem Sieg, so hatte man gehofft, würde man sie durch Eroberungen und Kriegsbeute oder Reparationen der Besiegten zurückzahlen. Auch waren

M 2 Schlange vor einem Berliner Lebensmittelgeschäft
(Fotografie, 1923)
Ein Pfund Butter wird für 30 300 Mark verkauft.

M 3 Millionen werden gestapelt
Kinder spielen mit wertlosen Millionen- und Milliarden-Geldscheinen.

mehr Banknoten gedruckt worden, als das Reich an Gold und Sachwerten besaß. Nach dem verlorenen Krieg war die deutsche Wirtschaft am Boden, es gab kaum noch Steuereinnahmen, dafür waren die Kosten für die Kriegsfolgen ungeheuer. Die Regierung der Weimarer Republik musste zwar die Reparationen in Sachwerten und Gold zahlen, für die anderen Staatsausgaben druckte auch sie immer mehr Papiergeld. Dadurch verlor das Geld rapide an Wert. Während des Ruhrkampfes, für den täglich ungeheure Summen nötig waren, um die Bevölkerung zu unterstützen, beschleunigte sich die Inflation, bis der Wert der Reichsmark ins Bodenlose sank.

Viele Verlierer, wenige Gewinner

Die Folgen für die Masse der Bevölkerung waren verheerend. Wer sein Geld in Sparbüchern, Staatsanleihen oder sonst auf der Bank angelegt hatte, verlor alles. Der Verdienst der Menschen reichte nicht zum Überleben, da das Geld so schnell an Wert verlor, dass z. B. ein Arbeiter sich von einem Wochenlohn nicht einmal ein Pfund Butter kaufen konnte. Bald gab es die meisten Dinge nur noch im Tauschhandel gegen Wertgegenstände. Vorteile hatten Besitzer von Grundstücken, Immobilien, Maschinen oder Waren, also von Sachwerten. Auch wer Schulden hatte, konnte von der Inflation profitieren. Ein besonders „krasses“ Beispiel für so einen Inflationsgewinnler war der Großindustrielle Hugo Stinnes. Vor der Inflation hatte er mit Krediten Hotels, Fabriken und Banken gekauft, die er nach der Geldentwertung mit wertlosem Papiergeld schnell zurückbezahlte und dadurch ein riesiges Vermögen erwarb. Auch der Staat zog Nutzen aus der Inflation, da er die Kriegsanleihen an die Bevölkerung ohne Aufwand zurückzahlen konnte. Dies verstärkte das Misstrauen vieler Menschen gegen den neuen Staat.

Inflation

Es handelt sich dabei um die Bezeichnung für eine Geldentwertung durch Vermehrung der umlaufenden Geldmenge in Volkswirtschaften mit Papiergeld. Der Staat lässt Geld drucken, die Warenmenge wird aber nicht vermehrt. Die Störung des Verhältnisses zwischen Geldmenge und Warenwert führt zu steigenden Preisen und damit zu Kaufkraftschwund. Da auch die Sparguthaben an Wert verlieren, kommt es zu Hamsterkäufen und Warenhortung, zur „Flucht in die Sachwerte“. Durch Inflation werden Bezieher fester Einkünfte, Sparer und Gläubiger geschädigt, nicht aber Schuldner und Besitzer von Sachwerten. Auf diese Weise vergrößert sich die soziale Ungleichheit zwischen Sachwertbesitzern und Lohnempfängern.

Abbruch des Ruhrkampfes und Unruhen gegen die Republik

Angesichts der katastrophalen Wirtschaftslage brach die Regierung der SPD, DDP und DVP unter Gustav Stresemann von der DVP am 16. 09. 1923 den Ruhrkampf ab. Stresemann wollte die Reparationsfrage durch Verhandlungen vor allem mit Großbritannien lösen. Diese schwierige Lage der Regierung versuchten verschiedene Gruppen für sich zu nutzen. So planten in der Pfalz und im Rheinland die so genannten Separatisten (von lat. separare = trennen), diese Gebiete von Deutschland zu trennen und einen von Frankreich abhängigen eigenen Staat zu gründen. Sie scheiterten am Widerstand der Bevölkerung. In Thüringen versuchten die Kommunisten in der Regierung Einfluss zu gewinnen und durch ihre Kampfverbände den Kampf gegen den Kapitalismus auf die Straße zu tragen. Hier griff die Reichswehr auf Wunsch der Reichsregierung ein und löste die „roten Armeen“ gewaltsam auf.

Der Hitler-Ludendorff-Putsch

Die bayerische Regierung unter Gustav von Kahr hatte von Anfang an Freikorps und rechts gerichteten Gruppen und Parteien in München einen Zufluchtsort vor dem „roten Berlin“ gewährt. Eine dieser Gruppen war die 1919 gegründete und seit 1920 so genannte Nationalsozialistische Deutsche Arbeiter-Partei (NSDAP). Ihr Vorsitzender war seit 1921 Adolf Hitler, der sich durch sein Rednertalent viel Einfluss verschafft hatte. Hitler stand mit General Ludendorff in Kontakt und plante mit ihm einen Umsturz. Als nach dem Abbruch des Ruhrkampfes die bayerische Regierung in München offen von einem „Marsch nach Berlin“ sprach und damit in Anspielung auf Mussolinis „Marsch auf Rom“ zu verstehen gab, dass sie eine rechte Diktatur anstrebte, glaubten Hitler und Ludendorff ihre Stunde für gekommen. Mit der Pistole in der Hand zwang Hitler am 8. 11. 1923 anwesende Regierungsvertreter im Bürgerbräukeller in München, sich ihm anzuschließen. Obwohl Kahr floh und sich noch in der Nacht von Hitler distanzierte, ließen Hitler und Ludendorff am nächsten Tag ihre Anhänger durch München mar-

M 4 Angeklagte während des Hitler-Ludendorff-Prozesses

M 5 Hitler-Ludendorff-Putsch am 9. 11. 1923

schieren. An der Feldherrnhalle löste die Polizei den Demonstrationszug auf. Bei der Schießerei wurden 16 Putschisten und vier bayrische Polizisten getötet, Hitler und Ludendorff wurden verhaftet. Sie fanden allerdings sehr milde Richter. Ludendorff wurde als verdienter Kriegsheld ganz freigeprochen, Hitler zu fünf Jahren Festungshaft verurteilt. Als bevorzugter Häftling schrieb er in der Festung Landsberg am Lech den ersten Band von „Mein Kampf" und wurde bereits am 20.12.1924 vorzeitig entlassen.

Das Wunder der Rentenmark bringt Beruhigung

An der Schwelle des Bürgerkrieges, an der sich Deutschland im Herbst 1923 befand, konnte nur eine Neuordnung der Finanzen eine allgemeine Beruhigung bringen. Am 15. November wurde die Rentenmark eingeführt. 1 Billion alte Reichsmark entsprachen 1 Rentenmark. Ab 1924 nannte man sie wieder Reichsmark. Der Staat sparte und überwachte eine deutlich beschränkte Geldmenge. Neben allen finanzpolitischen Maßnahmen war aber das Verhalten der Bevölkerung entscheidend. Sie fasste Vertrauen zu der neuen Währung und begann durch Arbeit und Kauf in sie zu investieren. Es begannen nun die guten Jahre der Republik.

M 6 Krisenjahr 1923 – Gewalt auf allen Seiten

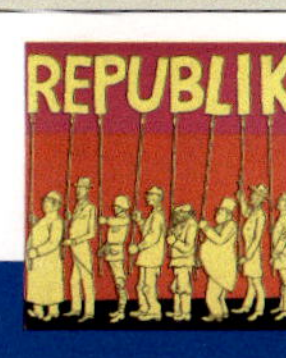

M 7 Plakat der Reichsregierung zum Ruhrkampf 1923

M 8 Motive Frankreichs bei der Ruhrbesetzung

Der britische Botschafter in Berlin Viscount d'Abernon notiert am 27. 7. 1923 in sein Tagebuch:

Wenn man auf die Ereignisse vom Januar aus der Distanz von einigen Monaten zurückblickt, zwingt sich einem der Eindruck auf, dass die führenden Kreise in Frankreich einen viel größeren Wert auf territoriale, militärische und wirtschaftliche Vorteile als auf Zahlungen von Reparationen legen. Das war ihr wirkliches Ziel: Die vorgebrachten Reparationsforderungen waren so übermäßig, so jenseits aller Erfüllungsmöglichkeiten, dass weitsichtige Politiker wie die Franzosen sie nur in der Hoffnung auf eine Ablehnung und die sich daraus ergebenden Strafmaßnahmen stellen konnten. (...) Diese Auffassung der wirklichen Ziele der Ruhrpolitik wird durch die Ereignisse im Rheinland bestätigt. Einige Wochen nach der Besetzung der Ruhr setzte die Agitation ein, die auf eine Abtrennung des Rheinlands und der Ruhr von Deutschland abzielte. Es lässt sich schwer sagen, wieweit die Bewegung spontan und wieweit sie auf die französischen Einflüsterungen zurückzuführen war; eines ist jedoch sicher, dass sie von Frankreich – offen oder verstohlen – energisch unterstützt wurde.

Viscount d'Abernon, Ein Botschafter der Zeitenwende. Memoiren (Übers.: Antonina Vallentin). Bd. 2. Leipzig 1929, S. 262 f.

M 9 Überreizte Nerven, August 1923

Der Journalist Friedrich Kroner schildert in der „Berliner Illustrierten Zeitung" seine Beobachtungen während der Inflation, 26. 8. 1923:

Epidemie der Angst, der nacktesten Not: Dem Blick längst entwöhnt gewesene Käuferschlangen stehen wieder vor den Läden, erst vor einem, dann vor allen. (...) Die Stadt, die große, steinerne Stadt wird wieder einmal leer gekauft. Reis, gestern noch das Pfund 80 000 Mark, kostet heute 160 000 Mark, morgen vielleicht das Doppelte, übermorgen zuckt der Mann hinterm Ladentisch die Achseln: „Reis ist alle." Also Nudeln. „Nudeln sind alle." Also Graupen, Grieß, Bohnen, Linsen, nur kaufen, kaufen, kaufen! Dieses Stück Papier, das funkelnagelneue Banknotenpapier, noch feucht von Druck, heute früh als Wochenlohn ausgezahlt, schrumpft an Wert auf dem hastigen Wege zum Kaufmannsladen. Die Nullen, die ständig wachsenden Nullen!

Zit. nach: P. Longerich (Hg.), Die Erste Republik. Dokumente zur Geschichte des Weimarer Staates. München 1992, S. 169 f.

M 10 Auswirkungen der Inflation

Der bayerische Schriftsteller Oskar Maria Graf (1894–1967) erinnert sich:

Während die Arbeiter und Angestellten in den Städten sogleich nach ihrer Lohnauszahlung mit den vielen buntbedruckten Geldscheinen laufen mussten, um noch für einen einigermaßen erschwinglichen Preis einige minderwertige, kärgliche Lebensmittel zu bekommen, (...) wurde als einziger der Bauer reich und immer reicher. Er hatte, was die anderen brauchten, und feilschte jetzt gleichsam aus Rachsucht, weil er früher stets zu kurz gekommen war. (...) Nach Jahrhunderten lebten die Bauersleute zum ersten Male aus dem Vollen. (...) Sie spekulierten und soffen, sie stellten ihre heimeligen Stuben mit geschmacklosen, teuren Möbeln voll, kauften Klaviere, Grammofone und Motorräder und ließen ihre Häuser und Ställe von Grund auf renovieren.

O. M. Graf, Das Leben meiner Mutter. München 1993 (erste Auflage 1945), S. 470 f.

M 11 Biografische Daten zu Adolf Hitler

Geb. am 20. April 1889 in Braunau (Österreich) als Sohn eines Zollbeamten.

Ohne Schulabschluss.

Vergebliche Versuche in Wien, an der Kunstakademie aufgenommen zu werden.

1907–1913 Gelegenheitsarbeiter in Wien.

Ab 1913 in München.

1914 Kriegsfreiwilliger, zu Kriegsende mit Gasvergiftung im Lazarett;

Arbeitsloser in München.

September 1919 Eintritt in die Deutsche Arbeiter Partei, die ab 1920 Nationalsozialistische Arbeiterpartei heißt.

Seit Juli 1921 Vorsitzender der NSDAP.

1923 Verbot der NSDAP nach dem Putschversuch Hitler-Ludendorff.

1924 neunmonatige Haft, in der Hitler „Mein Kampf" scheibt.

1925 Neugründung der NSDAP durch Hitler und Organisation nach dem Führerprinzip.

Zusammenstellung d. Verf.

M 12 Das Jahr 1923 – eine Bilanz

Der britische Botschafter in Berlin Viscount d'Abernon blickt am Ende des Jahres zurück, 31. 12. 1923:

Nun geht das Krisenjahr zu Ende. Die inneren und äußeren Gefahren waren so groß, dass sie Deutschlands ganze Zukunft bedrohten. (…) In den zwölf Monaten vom Januar bis heute hat Deutschland die folgenden Gefahren überstanden: die Ruhrinvasion; den kommunistischen Aufstand in Sachsen und Thüringen; den Hitler-Putsch in Bayern; eine Wirtschaftskrise ohnegleichen; die separatistische Bewegung im Rheinland.

Jeder einzelne dieser Faktoren, falls er sich ausgewirkt hätte, würde eine grundlegende Veränderung entweder in der inneren Struktur des Landes oder in seinen Beziehungen nach außen herbeigeführt haben. Jedes dieser Gefahrenmomente, falls es nicht abgewendet worden wäre, hätte jede Hoffnung auf eine allgemeine Befriedigung vernichtet. Politische Führer in Deutschland sind nicht gewohnt, dass ihnen die Öffentlichkeit Lorbeeren spendet. Und doch haben diejenigen, die das Land durch diese Gefahren durchgesteuert haben, mehr Anerkennung verdient, als ihnen zuteil wird.

Viscount d'Abernon, Ein Botschafter der Zeitenwende. Memoiren (Übers.: Antonina Vallentin). Bd. 2. Leipzig 1929, S. 337 f.

M 13 Verlust des Geldwertes 1914–1923

Zeitpunkt	Wert eines Guthabens von 100 000 Mark	Wertverlust gegenüber 1914
Juni 1914	100 000,00	
Jan. 1919	47 190,00	52,8 %
Juli 1919	27 855,00	72,1 %
Juli 1920	10 638,00	89,4 %
Jan. 1921	6 468,00	93,5 %
Jan. 1922	2 189,00	97,8 %
Juli 1922	851,00	99,1 %
Jan. 1923	23,46	100 %
Juli 1923	1,19	100 %
Nov. 1923	0,00	100 %

Zit. nach: H. Prokasky, Der Erste Weltkrieg und die Inflation 1914–1923. In: Geschichtsdidaktik 5. Düsseldorf 1980, S. 267.

M 14 Preise in Berlin während der Inflation

In Berlin kosteten am 9./10. Juni 1923:

1 Pfund Rindfleisch	8 500–12 000 Mark
1 Pfund Kartoffeln	112–130 Mark
1 Pfund Zucker	1 400–1 550 Mark
1 Pfund Mehl	1 900–2 600 Mark
1 Ei	800–810 Mark
1 Brot	2 500 Mark
1 Straßenbahnfahrt	600 Mark

Nach: W. Michalka, G. Niedhart (Hg.), Deutsche Geschichte 1918–1933. Dokumente zur Innen- und Außenpolitik. Frankfurt am Main 1992, S. 79.

Fragen und Anregungen

1. Erkläre die Gründe für die Inflation in Deutschland. Stelle ihre Auswirkungen auf die Bevölkerung dar. (VT, M2, M3, M9, M10)
2. Suche Erklärungen, warum die Inflation auch nach der Einführung der Rentenmark noch eine Belastung für die Republik darstellte. (VT)
3. Stellt aus dem Material eine Spielszene zusammen, in der sich zwei Jugendliche in einer Warteschlange vor einem Bäckerladen treffen und über ihre Lebenssituation reden. (VT, M2, M3, M9, M10, M13, M14)
4. Stelle eine Tabelle der Ereignisse des Jahres 1923 zusammen, in die du jeweils die Bedrohung der Republik und die Gegenmaßnahmen einträgst. (VT, M4, M5, M6, M7)
5. Stelle den Zusammenhang zwischen Ruhrkampf, Inflation, Putschversuchen dar. (VT, M1, M2, M3, M4, M5, M8)
6. Beschreibe und erkläre das Plakat zum Ruhrkampf. (M7)

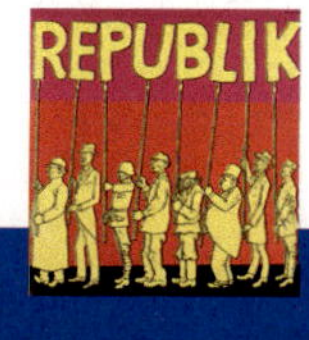

5. Außenpolitische Erfolge in der Ära Stresemann – Verständigung und Versöhnung

1922	Deutschland und die Sowjetunion schließen den Vertrag von Rapallo.
1923–1929	Gustav Stresemann ist als Außenminister maßgeblich an der Stabilisierung der Republik beteiligt.
1925	Die Konferenz von Locarno führt zur Verständigung mit Frankreich.
1926	Deutschland wird Mitglied des Völkerbundes.

M 1 „Retter Stresemann: Er schaut nach rechts, er schaut nach links. – Er wird mich retten!"
(Karikatur von Karl Arnold aus dem Simplicissimus, Nr. 7, München 1923)

Deutschland ist isoliert

Nach dem Krieg war Deutschland in der europäischen Politik ein Außenseiter. Die deutsche Außenpolitik musste die Aufgabe lösen, wieder in die Völkergemeinschaft aufgenommen zu werden und darin die Probleme des Versailler Vertrages zu überwinden. Man nennt diesen Versuch, die politische Situation zu ändern, auch Revisionspolitik (von lat. Revision = Veränderung). Im selben Maße, wie realistische deutsche Politiker diesen Weg gingen, wurden sie von den rechten Kreisen in Deutschland bekämpft. So zieht sich durch die gesamte Weimarer Republik ein Wechselspiel von außenpolitischen Möglichkeiten und innenpolitischer Reaktion wie ein roter Faden.

Schritt aus der Isolation: Rapallo

Die Außenseiterrolle verband Deutschland mit der Sowjetunion, die aus Angst vor einer Verbreitung der kommunistischen Revolution von den Westmächten gemieden wurde. Als 1922 die europäischen Mächte in Genua eine Wirtschaftskonferenz abhielten, ohne Deutschland oder die Sowjetunion zu beteiligen, schlossen die beiden ausgegrenzten Staaten im nahe gelegenen Rapallo zur Überraschung der Welt einen Vertrag. Darin nahmen sie diplomatische Beziehungen auf, verzichteten auf die Erstattung von Kriegskosten und vereinbarten Wirtschafts- und Militärbeziehungen. Rechtsgerichtete Kreise in Deutschland kritisierten die Zusammenarbeit mit dem von ihnen verhassten Bolschewismus, die Militärführung begrüßte jedoch den Vertrag, da sie in der Sowjetunion ohne Kontrolle durch die Westmächte die Reichswehr modernisieren konnte.

In Richtung Verständigung

Gustav Stresemann (DVP) leitete von 1923 bis zu seinem Tod 1929 als Reichsaußenminister die deutsche Außenpolitik. Zwar wollte auch er, wie die meisten deutschen Politiker, eine Revision des Versailler Vertrages, jedoch sah er nur in einer Verständigung mit den Westmächten eine Chance, seine Ziele, die Lösung der Reparationsfrage und eine Wiedergewinnung der Gebiete im Osten, erreichen zu können. Die größte Schwierigkeit lag in Frankreichs Misstrauen gegenüber Deutschland. Um Frankreichs Sicherheitsbedürfnis zu erfüllen, schlug Stresemann einen Sicherheitspakt vor. In dem französischen Staatsmann Aristide Briand fand Stresemann einen Gesprächspartner, der wie er an Verständigung und Versöhnung interessiert war. So kam es im Oktober 1925 zum Vertragsabschluss im Schweizer Kurort Locarno. Deutschland erkannte gegenüber Frankreich und Belgien die Westgrenze endgültig an, was Großbritannien und Italien bestätigten. Gegenüber der Tschechoslowakei und Polen verzichtete Deutschland auf eine gewaltsame Änderung der Ostgrenze, eine friedliche Revision blieb aber damit möglich.

Mitglied im Völkerbund

Sowohl Stresemann als auch Briand wurden von den Nationalisten ihrer Länder als Verräter beschimpft. In der Welt wurde jedoch das Bemühen beider Politiker um Versöhnung als Basis der Politik geehrt. 1926 erhielten beide zusammen den Friedensnobelpreis. Mit der Aufnahme in den Völkerbund im September 1926 wurde Deutschland wieder im Kreis der führenden europäischen Mächte anerkannt. Stresemann nutzte in den folgenden Jahren bis zu seinem Tod 1929 die Verständigungsbemühungen um einen Ausgleich in Europa.

Dawes-Plan und Young-Plan

Stresemanns Versöhnungspolitik schuf das Vertrauensklima, in dem die Reparationsfrage vorangebracht werden sollte. Unter Leitung des amerikanischen Bankiers Dawes legte eine Kommission einen Zahlungsplan fest. In jährlichen Zahlungen sollte Deutschland je 2,5 Milliarden Goldmark zahlen, die Gesamtsumme blieb offen. Dafür sollten eine Anleihe von 800 Millionen Mark und weitere Kredite die deutsche Wirtschaft ankurbeln. Durch beharrliche Verhandlungen und gleichzeitige Erfüllung der Verträge erreichte Stresemann, dass 1929 eine neue Kommission unter dem Finanzmanager Young einen neuen Plan aufstellte. Sie legte fest, dass Deutschland in 59 Jahresraten zu je zwei Milliarden Mark insgesamt 112 Milliarden Mark zahlen sollte. Dafür räumten die Alliierten vorzeitig das Rheinland. Trotz der Riesensumme bedeutete diese Festlegung eine Erleichterung, da nun die Wirtschaft planen konnte. Zudem belebten die wirtschaftlichen Beziehungen zu den USA und Milliardenkredite aus dem Ausland die deutsche Konjunktur. Diese positive Entwicklung konnte aber nichts daran ändern, dass Rechtsparteien die Politik Stresemanns bekämpften. Der Chef der DNVP Hugenberg und Adolf Hitler von der NSDAP erwirkten sogar ein Volksbegehren gegen den Youngplan, das jedoch scheiterte. 1932 wurden durch eine Zahlung von 3 Milliarden Mark die Reparationen von den Westmächten als endgültig abgegolten erklärt.

M 2 Gustav Stresemann, der britische Außenminister Chamberlain und der französische Außenminister Aristide Briand während der Konferenz von Locarno 1925 (kol. Fotografie, Oktober 1925)

M 3 Plakat der DVP, Reichstagswahl 14. 9. 1930

M 4 Stimme zu Locarno

Der britische Botschafter in Berlin, Lord d'Abernon, schrieb nach dem Vertragsabschluss in Locarno und der Aufnahme Deutschlands in den Völkerbund:

Man kann getrost sagen, dass die Feindseligkeiten zwischen England und Deutschland sich zum großen Teil gelegt haben. Der beste Beweis dafür ist, dass England jetzt die Rolle eines Schiedsrichters und Garants der territorialen Unantastbarkeit nicht nur Frankreichs, sondern auch Deutschlands spielt. Es ist außerdem hauptsächlich dem englischen Einfluss in Genf zu verdanken, dass Deutschland dort eine Stellung eingeräumt wurde, die seiner nationalen Würde entspricht.

Geschichte in Quellen, Bd. 6: Weltkriege und Revolutionen 1914–1945 (Bearb./Übers.: Günter Schönbrunn). München 1979, S. 212 f.

M 5 Nationalsozialistische Hetze gegen „Locarno"

Aus einer Rede des NSDAP-Abgeordneten Strasser im Reichstag (24. 11. 1925):

Wir Nationalsozialisten (...) verzichten nie und nimmer auf Elsass-Lothringen. Wir verzichten nie auf Eupen-Malmedy, auf die Saar und auf unsere Kolonien. Wir verzichten auf Nordschleswig so wenig wie auf Memel und Danzig, wie auf Westpreußen und Oberschlesien. (...) Unser Staat, der ein in sich geschlossener geworden ist, wird einst die Verträge von Versailles (...) und Locarno wie Papierfetzen zerreißen können.

D. Junker (Hg.), Deutsche Parlamentsdebatten II: 1919–1933. Frankfurt am Main 1971, S. 180 f.

M 6 Stresemann 1926 vor dem Völkerbund in Genf

M 7 Antrittsrede Stresemanns vor dem Völkerbund am 10. September 1926

Es kann nicht der Sinn einer göttlichen Weltordnung sein, dass die Menschen ihre nationalen Höchstleistungen gegeneinander kehren und damit die allgemeine Kulturentwicklung immer wieder zurückwerfen. Deutschland wünscht mit allen Nationen, die im Rate des Völkerbundes vertreten sind, auf der Grundlage gegenseitigen Vertrauens zusammenzuarbeiten. (...) Deutschland tritt mit dem heutigen Tag in die Mitte von Staaten, die zum Teil im letzten Weltkrieg gegen Deutschland verbündet waren. Es ist von geschichtlicher Bedeutung, dass Deutschland und diese Staaten sich jetzt im Völkerbund zu dauernder und friedlicher Zusammenarbeit zusammenfinden. Denn das sicherste Fundament für den Frieden ist eine Politik, die getragen wird vom gegenseitigen Verstehen und gegenseitiger Achtung der Völker.

Geschichte in Quellen, Bd. 6: Weltkriege und Revolutionen 1914–1945 (Bearb.: Günter Schönbrunn). München 1979, S. 219 f.

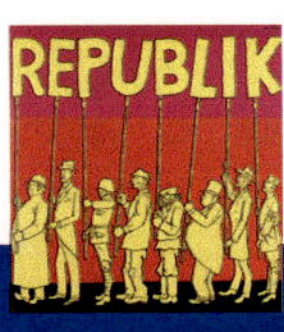

M 8 Deutschlands Aufnahme in den Völkerbund

Ein Augenzeuge berichtet vom Einzug der deutschen Delegation am 10. 9. 1926:

Der Beifall hatte eine wahre Orkanstärke erreicht. Von allen Seiten wurde geklatscht und Bravo gerufen. (...) Inzwischen tobte das Publikum auf den Tribünen, Tücherwinken, Hüteschwenken, „bravo Stresemann". (...) Eine Szene, wie sie sich im Völkerbund noch nie abgespielt hatte.

Geschichte in Quellen, Bd. 6: Weltkriege und Revolutionen 1914–1945 (Bearb./Übers.: Günter Schönbrunn). München 1979, S. 219.

M 9 Die Entwicklung der alliierten Reparationsforderungen

Jahr	Konferenz	Gesamthöhe in Goldmark	Anzahl der Jahresraten
1919	Versailles	Nicht festgelegt	30
1920	Boulogne	269 Mrd.	42
1921	Paris (Jan.) London (Apr.)	226 Mrd. 132 Mrd.	42 66
1924	Paris (Dawes-Plan)	Nicht festgelegt Jahresraten von 1–2,5 Mrd.	Nicht festgelegt
1929	Den Haag (Young-Plan)	112 Mrd.	59
1932	Lausanne	3 Mrd.	1

M 10 Volksbegehren gegen den Young-Plan
(Plakat, Oktober 1929)
Das von der DNVP und der NSDAP veranlasste Volksbegehren erreichte zunächst die notwendigen 10 % der Wählerunterschriften. Den folgenden Volksentscheid unterstützten nur 13,8 % aller Wähler, womit er scheiterte. Mit der finanziellen und publizistischen Unterstützung des Hugenberg-Konzerns (Inhaber Hugenberg, DNVP) wurde der Demagoge Hitler in ganz Deutschland bekannt.

Fragen und Anregungen

1. Welche Vorstellungen hat Stresemann vom Zusammenleben der Völker allgemein? Worin sieht er die besondere Situation für Deutschland? (VT, M7)
2. Welche Rolle spielt England nach Ansicht des Botschafters? (M4)
3. Was bedeutet und worauf bezieht sich der Ausdruck „territoriale Unantastbarkeit Frankreichs"? (M4)
4. Erkläre, wie die Äußerungen des britischen Botschafters mit Stresemanns Plänen über die Lösung der Reparationsfrage zusammenhängen. (M4)
5. Beschreibe die Plakate. Beachte dabei besonders, welche Gefühle die Plakate bei den Betrachtern auslösen sollen. Erkläre, welche Mittel dazu eingesetzt werden. (M3, M10)
6. Stelle eine Liste in Form einer Tabelle auf, welche Probleme die deutsche Außenpolitik dieser Zeit lösen musste, welchen Weg die Regierung ging und welche Reaktionen es in Deutschland und im Ausland gab.

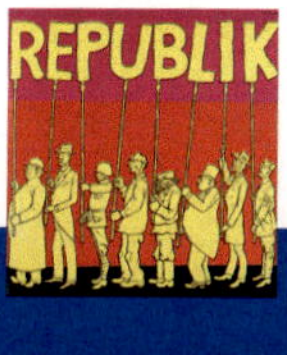

6. Die guten Jahre der Republik

M 1 Deutsche Lufthansa
(Plakat, 1931)

Das Leben in der Weimarer Republik war oft hart und überschattet von Gewalt, Sorgen und Krisen. Trotzdem tut man dieser Epoche der deutschen Geschichte unrecht, wenn man sie im Rückblick nur als gescheitert beurteilt. Angeregt durch die USA, aber in einer eigenen Weiterentwicklung entfaltete sich in vielen Bereichen des Lebens in den Jahren nach dem Ersten Weltkrieg eine große Blüte und Vielfalt.

Wirtschaftliche Erholung

Zwischen 1924 und 1929 nahm die deutsche Wirtschaft einen deutlichen Aufschwung. Dazu trugen mehrere Faktoren bei: So war die Bevölkerung willig und in der Lage, hart für eine wirtschaftliche Verbesserung zu arbeiten. Zu dieser Arbeitskraft kamen neue Arbeits- und Produktionsmethoden. Die Fließbandproduktion wurde eingeführt. Auch die Organisation der Wirtschaft veränderte sich. Nach dem Vorbild der USA schlossen sich in Deutschland Unternehmen zu Konzernen zusammen und beherrschten so den Markt: z. B. die IG-Farben, die 90 % der chemischen Industrie Deutschlands erfasste und der größte Konzern in Europa war, Siemens, AEG, aber auch der Film- und Pressekonzern des DNVP-Politikers Hugenberg. Nach den Entbehrungszeiten war bei den Menschen auch ein hoher Bedarf an Gütern vorhanden, was die Nachfrage und damit die Wirtschaft ankurbelte. Die Währungsreform 1923 und Kredite aus dem Ausland, v. a. aus den USA, schufen die finanzielle Basis dafür. Allerdings waren die deutschen Unternehmen und Banken sehr von ausländischen Krediten abhängig, die überwiegend kurze Kündigungszeiten hatten. Der wirtschaftliche Aufschwung stand also gewissermaßen auf tönernen Füßen, was später in der Weltwirtschaftskrise 1929 schlimme Folgen haben sollte.

Das Leben ändert sich

Der wirtschaftliche Aufschwung besserte die Lage der meisten Menschen. Vor allem Kaufleute und Handwerker verdienten. Die Arbeiter erreichten neben vielen sozialpolitischen Verbesserungen auch den Lohn von 1913.
Mit der Rationalisierung der Betriebe, wie z. B. durch das Fließband, das Ford und General Motors (Opel) einführten, veränderte sich die Arbeitswelt. Weniger Menschen arbeiteten in der Produktion, dafür nahm der „Dienstleistungsbereich" zu. Die Angestellten unterschieden sich bewusst von den Arbeiterinnen und Arbeitern, weil sie sich nicht die „Hände schmutzig machen" mussten. So wuchs eine neue Schicht in Deutschland, die unsere Gesellschaft bis in die Gegenwart prägt.

Situation der Frauen

Mit dem Frauenwahlrecht, der Studienfreiheit, der Berufswahl und vielem mehr verwirklichte die Weimarer Republik viele Forderungen der Frauenbewegung. Zwar hatten gerade in den Krisenjahren nach dem Krieg die Frauen die Hauptlast der Versorgung ihrer Familien zu tragen, aber nun nahm die Zahl der berufstätigen Frauen zu. 1925 waren es 36 %. Vor allem im Dienstleistungsbereich, z. B. als Sekretärinnen, fanden Frauen vermehrt Arbeit (1930 1,2 Millionen). Die Medien propagierten den Typ der „neuen Frau“, die selbstbewusst und berufstätig ein unabhängigeres Leben führte. Trotzdem blieb vor allem für Frauen aus der Arbeiterschicht das Leben hart, da die Betriebe die neuen Bestimmungen nicht immer umsetzten. In der Mittel- und Oberschicht aber wuchs das Selbstbewusstsein vieler Frauen und damit ihr Wunsch nach Freiheit.

Kulturelle Blüte in den Großstädten

In den 1920er Jahren setzten sich Künstler mit den Erfahrungen des Krieges, aber auch mit neuen Entwicklungen in der Gesellschaft auseinander. Dabei kam es zu sehr kontroversen Darstellungen der Welt. Neben den Surrealisten und Dadaisten, die die bürgerliche Welt durch Antikunst schockieren wollten, gab es auch an der konkreten Wirklichkeit orientierte Kunst. Die Neue Sachlichkeit wollte durch nüchterne Darstellung auf die Vorzüge, aber auch Probleme der Zeit aufmerksam machen und mit ihrer „Alltagssprache“ die einfachen Menschen erreichen. Zwischen diesen Stilrichtungen gab es eine Fülle einzelner Künstler, die ihren eigenen Weg gingen. Diese ungeheuer vielfältige Kunstszene entwickelte sich vor allem in den Großstädten. Daneben entstand hier auch ein Massenangebot an Vergnügungen, wie Bars, Tanzcafés. So entwickelte sich ein Lebensstil, den zu leben wir bis heute von den Metropolen kennen. Wir können daher von der Entstehung einer Großstadtkultur sprechen. Berlin gewann durch Theater, Film und Großveranstaltungen im Sportpalast internationalen Ruf. In München war neben der Theater- und Kunstszene auch das 1925 eröffnete Deutsche Museum für Naturwissenschaft und Technik ein Publikumsmagnet.

Neuen Medien, Wissenschaft und Technik

Gerade die neuen Massenmedien veränderten das Alltagsleben der Bevölkerung. Illustrierte verbreiteten die Vorstellungen von Mode und Luxus, Schallplatten, Nachrichtenübermittlung, Tonfilm und Radio ermöglichten den Menschen Information und vor allem Unterhaltung in nie gekanntem Ausmaß. Dadurch wurden diese Medien aber auch zu entscheidenden Mitteln im politischen Kampf um die öffentliche Meinung.
Basis für diese neuen Medien waren Erfindungen in Elektrotechnik, Chemie, Physik. In den Jahren 1919 bis 1932 gingen 17 Nobelpreise an deutsche Wissenschaftler und Künstler, darunter Albert Einstein, Werner Heisenberg (Physik) und Thomas Mann (Literatur).
Die deutsche Technik, vor allem im Verkehrsbereich, boomte. 1926 wurde die Lufthansa gegründet, das Flugboot Dornier Do X und das Luftschiff Graf Zeppelin erregten Aufsehen. Neben Flugverkehr und Schiffen trat das Auto seinen Siegeszug an. In der Architektur setzte sich der Stil des Bauhauses durch, das Walter Gropius in Weimar gegründet hatte. Es wurde vor allem für neue Sozialbauten angewandt, fand aber auch international Verbreitung.

M 2 Albert Einstein in New York 1930
(geb. 14. 3. 1879 in Ulm, gest. 18. 4. 1955 in Princeton, New York)

M 3 „Von Kopf bis Fuß auf Liebe eingestellt“, Marlene Dietrich
(Plakat zu dem 1930 gedrehten Film „Der blaue Engel“)

M 4 Fließbandarbeiterinnen bei Siemens
(Fotografie, um 1920)

M 5 Georg Grosz, Stützen der Gesellschaft
(Gemälde, 1926)

M 6 Das neu gewonnene Selbstbewusstsein von Frauen drückte sich auch in kniefreien Kleidern und dem modernen Kurzhaarschnitt „Bubikopf“ aus.

M 7 Otto Dix, Großstadt
(linke und mittlere Tafel eines Triptychons, 1928)

M 8 Sonntagsausflug mit dem ersten Auto, bei Berlin
(Fotografie, 1927)

PROJEKTTIPP

Stellt eine Liste von Lebensbereichen auf, die sich in den Goldenen Zwanzigern verändert haben. Teilt sie unter euch je nach Interessengebieten auf, also z. B. Sport, Technik, Mode, Kino, Literatur, Malerei, Großstadtleben, Wissenschaft, Musik usw. Kopiert die Bilder und sammelt weitere Materialen dazu. Sucht dazu entsprechende Darstellungen aus unserer Zeit und fertigt themengebundene Collagen an, in denen Gemeinsamkeiten und Unterschiede deutlich gemacht werden. In einer Ausstellung in der Schule könnt ihr die Ergebnisse allen vorstellen. Wenn ihr weitergehen wollt, dann feiert ein Schulfest mit Mode, Musik, Tänzen und Filmen aus dieser Zeit.

Fragen und Anregungen

1. Stellt zusammen, wie sich die Lebenssituation der Frau veränderte. (VT, M1, M3, M4, M6, M8)
2. Beschreibe das kulturelle Leben in der Weimarer Republik. Was hat sich im Vergleich zur Kaiserzeit verändert? (VT, M3, M7)
3. Welche neuen Unterhaltungsmöglichkeiten entstanden? (VT, M3, M7)
4. Informiert euch in Lexika näher über die Kunstrichtungen des Dadaismus und des Surrealismus. Sucht auch entsprechende Bilder dieser Richtungen.

7. Wahlergebnisse im Kaiserreich und in der Weimarer Republik

Der Reichstag

Der Reichstag veränderte seine Rolle in den Jahren seit seiner Gründung bis zum Ende der Weimarer Republik sehr: Während er im Kaiserreich nur wenig Einfluss hatte, die Regierung nicht von ihm abhänigig war und ihn auch teilweise bekämpfte, entwickelte er sich seit 1918 zum Herzstück einer parlamentarischen Demokratie. Der Weg dorthin führte, wie wir gesehen haben, über heftige Auseinandersetzungen bis hin zu bürgerkriegsähnlichen Kämpfen zwischen den Gegnern des neuen Staates. So saßen oft im Reichstag viele Abgeordnete, die die Republik und den Reichstag eigentlich abschaffen wollten. Die Anhänger des Kaiserreiches und die Vertreter einer kommunistischen Räterepublik waren sich ja auf schicksalhafte Art nur darin einig, dass sie keine parlamentarische Demokratie wollten, deshalb bekämpften sie die Weimarer Republik. Dazu benutzten sie auch die Mittel der Demokratie, die Wahlen und Wahlkämpfe. All dies spiegelt sich auch und vor allem in den Ergebnissen der Reichstagswahlen wieder.

Die Parteien

Die meisten Parteien, die in der Weimarer Republik eine Rolle spielten, waren schon im Kaiserreich entstanden bzw. hatten dort Vorläufer. Zwar veränderten sich die Ziele und auch die Bedeutung der Interessengruppen, die hinter den Parteien standen im Laufe der Zeit – vor allem durch die Entwicklung im und nach dem Ersten Weltkrieg –, aber es blieben doch grundsätzliche Zielrichtungen erhalten.

M 1 Herkunft und politische Grundeinstellung der wichtigsten Parteien

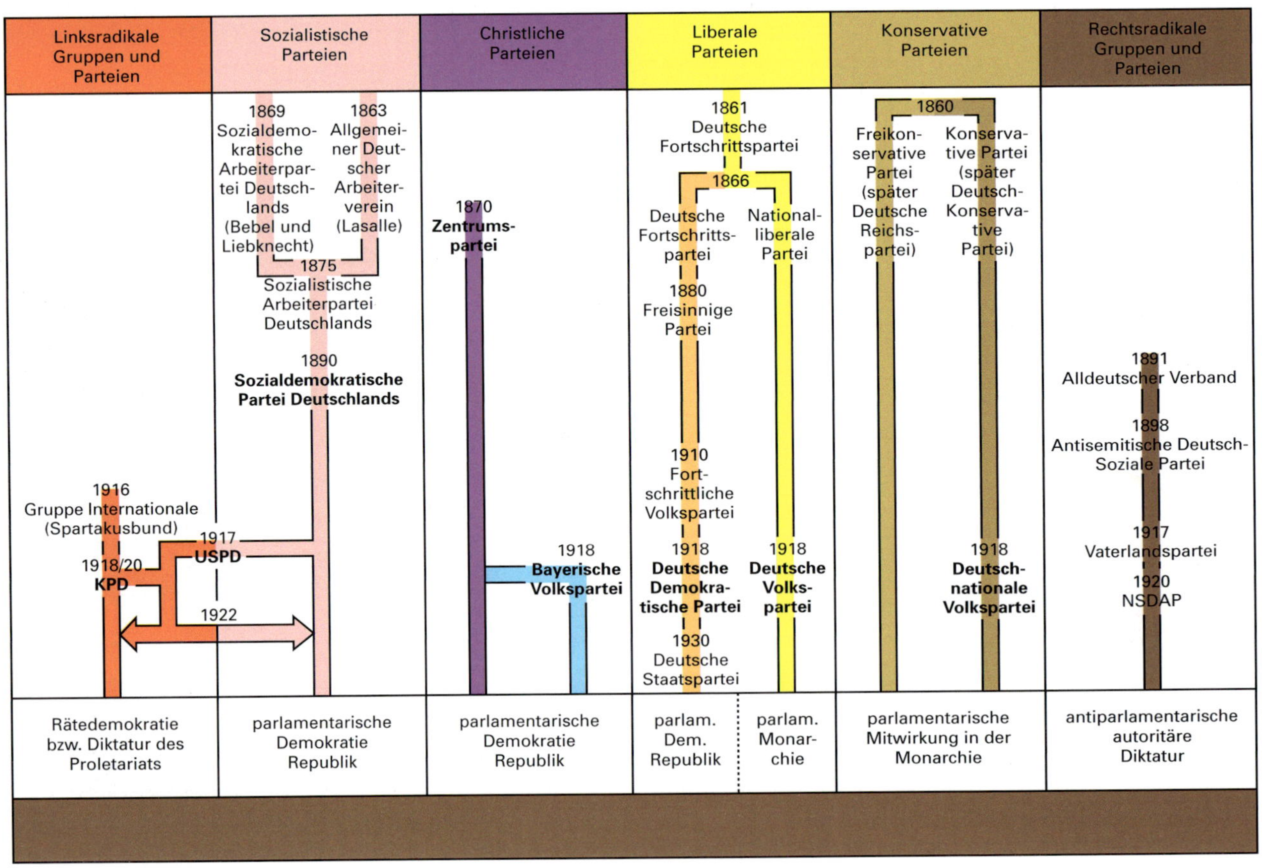

Ergebnisse der Reichstagswahlen

16. Juni 1903

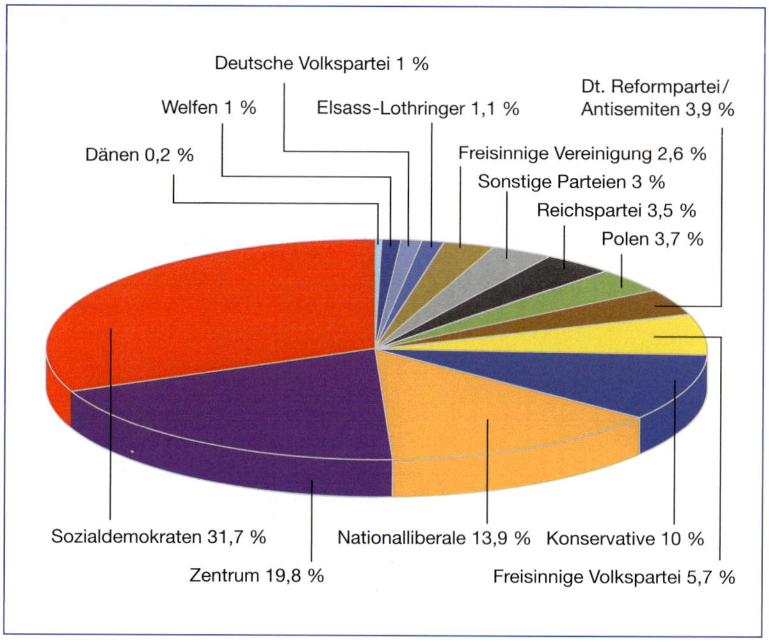

Partei	Stimmen
Sozialdemokraten	31,7 %
Zentrum	19,8 %
Nationalliberale	13,9 %
Konservative	10,0 %
Freisinnige Volkspartei	5,7 %
Deutsche Reformpartei/ Antisemiten	3,9 %
Polen	3,7 %
Reichspartei	3,5 %
Freisinnige Vereinigung	2,6 %
Elsass-Lothringer	1,1 %
Deutsche Volkspartei	1,0 %
Welfen	1,0 %
Dänen	0,2 %
Sonstige Parteien	3,0 %

Zahlen nach StJbDR, 1914, S. 342 (gerundet)

12. Januar 1912

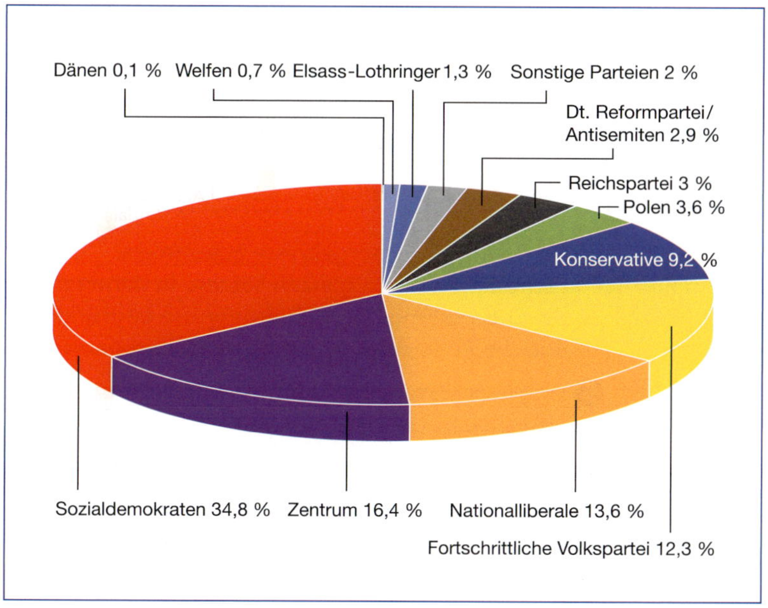

Partei	Stimmen
Sozialdemokraten	34,8 %
Zentrum	16,4 %
Nationalliberale	13,6 %
Fortschrittliche Volkspartei	12,3 %
Konservative	9,2 %
Polen	3,6 %
Reichspartei	3,0 %
Deutsche Reformpartei/ Antisemiten	2,9 %
Elsass-Lothringer	1,3 %
Deutsche Volkspartei	1,0 %
Welfen	0,7 %
Dänen	0,1 %
Sonstige Parteien	2,0 %

Zahlen nach StJbDR, 1914, S. 342 (gerundet)

6. Juni 1920

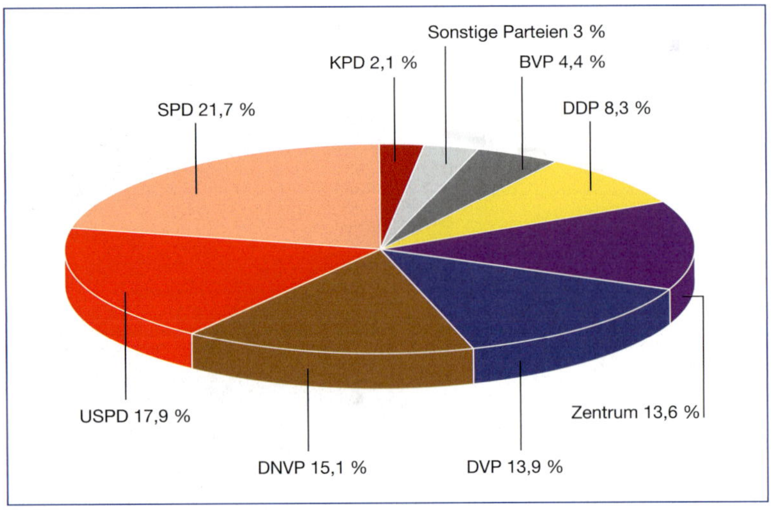

Partei	Stimmen
SPD	21,7 %
USPD	17,9 %
DNVP	15,1 %
DVP	13,9 %
Zentrum	13,6 %
DDP	8,3 %
BVP	4,4 %
KPD	2,1 %
Sonstige Parteien	2,0 %

Zahlen nach StJbDR, 1933, S. 539 (gerundet)

20. Mai 1928

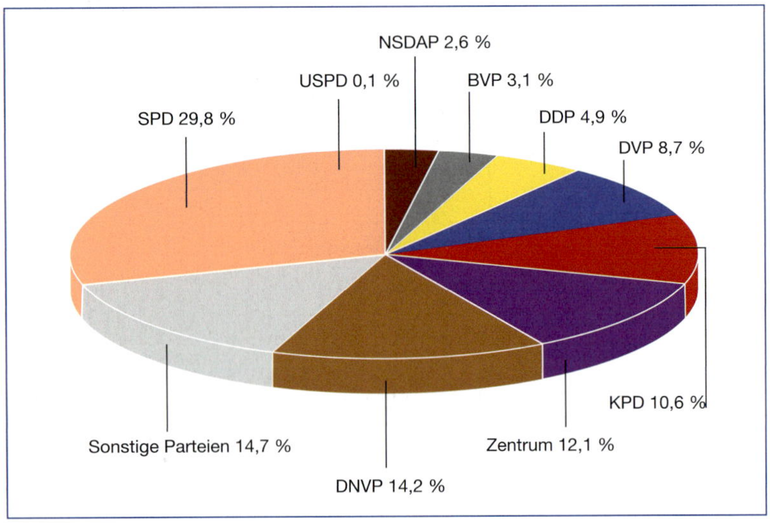

Partei	Stimmen
SPD	29,8 %
DNVP	14,2 %
Zentrum	12,1 %
KPD	10,6 %
DVP	8,7 %
DDP	4,9 %
BVP	3,1 %
NSDAP	2,6 %
USPD	0,1 %
Sonstige Parteien	14,7 %

Zahlen nach StJbDR, 1933, S. 539 (gerundet)

Fragen und Anregungen

1. Erarbeitet für eine von euch gewählte Partei die historische Ausgangsposition, also z. B. innenpolitische Krisen, wirtschaftliche Lage, außenpolitischer Hintergrund, in der jeweils gewählt wird. Haltet dazu Stichpunkte schriftlich fest.
2. Setzt diese historischen Situationen in Beziehung, indem ihr einen oder mehrere Erklärungssätze formuliert.
3. Vergleicht nun die Wahlergebnisse eurer Partei über die vier angegebenen Jahre und stellt fest, ob und wie sich etwas geändert hat.
4. Fasst eure Arbeitsergebnisse zusammen. Formuliert dazu in ganzen Sätzen, in denen ihr die Entwicklung der Wahlergebnisse begründet und die Rolle der Partei beschreibt und beurteilt.
5. Tragt eure Gruppenergebnisse vor und vergleicht abschließend die Parteien.
6. Vergleicht abschließend die Entwicklung der Parteien zurück anhand der Skizze M1. Legt für jede Partei eine Tabelle (Partei im Kaiserreich, in der Weimarer Republik, Interessengruppe) an.

8. Deutsche Außenpolitik zwischen Kaiserreich und Weimarer Republik

M 1 Otto von Bismarck
(Fotografie, 1890)

M 2 Kaiser Wilhelm II.
(Gemälde von Max Koner, 1890)

M 3 Gustav Stresemann
(Fotografie, 1925)

Ausgangspositionen und Ziele

Die Geschichte Deutschlands war in den Jahren zwischen der Reichsgründung und dem Ende der Weimarer Republik äußerst wechselhaft. Dies wird besonders in der Außenpolitik deutlich:

- Nach der Reichsgründung 1871 begegneten die anderen europäischen Staaten – allen voran Frankreich – Deutschland mit Misstrauen; es war aus drei Kriegen hervorgegangen und die Furcht vor einer weiteren Expansion Deutschlands war in Europa groß. Bismarcks Ziel bestand darin, den europäischen Staaten die Sicherheit zu geben, dass Deutschland für sie ein verlässlicher Partner sei.
- Diese Lage fand Wilhelm II. vor, als er Kaiser wurde. Wilhelm begnügte sich jedoch nicht damit, das Erreichte zu bewahren. Im Zeitalter des Imperialismus war ihm daran gelegen, Deutschland zu einer Weltmachtposition zu verhelfen, wie England und Frankreich sie innehatten.
- Nach der Niederlage im Ersten Weltkrieg war Deutschland wieder isoliert. Das Ziel von Außenminister Stresemann war es, Deutschland in den Kreis der europäischen Großmächte zurückzuführen.

Vorgehen und Ergebnisse: Außenpolitik Bismarcks

Bismarck gelang es auf mehrfache Weise, das Vertrauen in ein friedliches Deutschland zu erreichen. Er erklärte das Deutsche Reich für saturiert und machte damit deutlich, dass er keine weiteren Gebietsansprüche erheben würde. Zudem schloss er mit vielen europäischen Staaten Bündnisse, die Deutschland eine wichtige Stellung in Europa sicherten und zugleich Frankreich isolierten, sodass keine Revanche für die Niederlage von 1871 zu erwarten war. Sein Verhalten bei internationalen Konflikten und der Verzicht Deutschlands auf Kolonien trugen zudem dazu bei, dass an der Friedlichkeit Deutschlands keine Zweifel mehr bestanden. Durch die defensive Außenpolitik zwischen 1871 und 1888 gelang es Bismarck, die Stellung Deutschlands so zu stärken, dass es ein anerkannter Partner in Europa wurde.

M 4 Bismarck auf dem Berliner Kongress
(Gemälde von Anton von Werner, 1881)
Um die Friedfertigkeit des Deutschen Reiches zu betonen und um einen Krieg zu verhindern, vermittelte Bismack bei der Orientkrise 1877/78 zwischen den europäischen Großmächten. Seine Bemühungen auf dem Berliner Kongress 1878 trugen ihm den Beinamen „Ehrlicher Makler“ ein.

Außenpolitik unter Kaiser Wilhelm II.

Wilhelm II. fürchtete, Deutschland könnte durch die Grundsätze der Bismarck'schen Außenpolitik international ins Hintertreffen geraten und stellte die Weichen neu. Er erhob Ansprüche auf eine Weltmachtstellung für Deutschland, die er mit einer Kriegsflotte durchsetzen wollte. Deutschland sollte Kolonialmacht werden und bei allen internationalen Konflikten ein Mitspracherecht besitzen. Diese Haltung führte zu Konflikten mit den Kolonialmächten England, Frankreich und Russland.
Zudem löste Wilhelm II. das Deutsche Reich aus dem bewährten Bündnissystem heraus, was dazu führte, dass die Bindung an Österreich-Ungarn umso enger wurde. Als die Balkankrisen schließlich in den Ersten Weltkrieg mündeten, zeigte sich das Scheitern des „Neuen Kurses“ Wilhelms II.: Das Deutsche Reich stand Seite an Seite mit Österreich in einem Krieg gegen die Mächte der Triple-Entente.

Außenpolitik Stresemanns

Die Niederlage des Ersten Weltkrieges führte Deutschland erneut in die Isolation, die sich im Kriegsschuldartikel 231 des Versailler Vertrages ebenso äußerte wie in den Gebietsabtretungen und geforderten Reparationen. Ziel der demokratisch gewählten Politiker der Weimarer Republik war es, eine Revision des Versailler Vertrages zu erreichen und Deutschland in den Kreis der europäischen Großmächte zurückzuführen. Entscheidendes leistete dabei der deutsche Außenminister Gustav Stresemann. Er erreichte durch Zugeständnisse (Abbruch des Ruhrkampfes 1923) und Verhandlungen (Vertrag von Locarno 1925), dass Deutschlands Ansehen stieg. Zur Verärgerung der Anhänger der Rechtsparteien, die Stresemann den Ausverkauf deutscher Interessen vorwarfen und ihn als „Erfüllungspolitiker“ diffamierten, söhnte sich das demokratische Deutschland mit den Siegermächten des Ersten Weltkrieges aus. Auf internationaler Ebene wurde diese Politik honoriert: Deutschland wurde 1926 in den Völkerbund aufgenommen, im gleichen Jahr erhielten Gustav Stresemann und Aristide Briand – die Außenminister Deutschlands und Frankreichs – für ihre Bemühungen um den Frieden in Europa den Friedensnobelpreis.

M 5 Aus einer Reichstagsrede Bismarcks (1887)

Wir haben keine kriegerischen Bedürfnisse, wir gehören zu den – was der alte Fürst Metternich nannte: saturierten (zufrieden gestellten, gesättigten) Staaten, wir haben keine Bedürfnisse, die wir durch das Schwert erkämpfen könnten; und außerdem wenn das der Fall wäre, so blicken Sie doch auf die friedliebende Tätigkeit – und ich sage das ebenso gut nach dem Auslande wie hier zu dem Reichstage – der Kaiserlichen Politik in den letzten sechzehn Jahren.

O. v. Bismarck, Die gesammelten Werke, bearbeitet von Schüßler. Berlin 1930, S. 209.

M 6 Rede des französischen Außenministers Aristide Briand anlässlich der Aufnahme Deutschlands in den Völkerbund am 10. 9. 1926

Was bedeutet nun dieser heutige Tag für Deutschland und Frankreich? Das will ich Ihnen sagen: Es ist Schluss mit jener langen Reihe schmerzlicher und blutiger Auseinandersetzungen, die die Seiten unserer Geschichte beflecken, es ist Schluss mit dem Krieg zwischen uns, Schluss mit den langen Trauerschleiern. Keine Kriege, keine brutalen Gewaltlösungen soll es von jetzt ab mehr geben. Ich weiß, dass Meinungsverschiedenheiten zwischen unseren Ländern auch heute noch bestehen, aber in Zukunft werden wir sie genau wie die Einzelpersonen vor dem Richterstuhl in Ordnung bringen. Deshalb sage ich: Fort mit den Gewehren, den Maschinengewehren, den Kanonen! Freie Bahn für die Versöhnung, die Schiedsgerichtsbarkeit und den Frieden!

Geschichte in Quellen, Bd. 6: Weltkriege und Revolutionen 1914–1945 (Bearb./Übers.: Günter Schönbrunn). München 1979, S. 219 f.

M 7 Aus einer Rede Wilhelms II. (1900)

Der Ozean ist unentbehrlich für Deutschlands Größe. Aber der Ozean beweist auch, dass auf ihm in der Ferne, jenseits von ihm, ohne Deutschland und ohne den Deutschen Kaiser keine Entscheidung mehr fallen darf.

Ich bin nicht der Meinung, dass unser deutsches Volk vor dreißig Jahren unter der Führung seiner Fürsten gesiegt und geblutet hat, um sich bei großen Entscheidungen beiseite schieben zu lassen. Geschähe das, so wäre es ein für allemal mit der Weltmachtstellung des deutschen Volkes vorbei, und Ich bin nicht gewillt, es dazu kommen zu lassen. Hierfür die geeigneten und, wenn es sein muss, auch die schärfsten Mittel rücksichtslos anzuwenden, ist meine Pflicht.

E. Johann (Hg.), Reden des Kaisers. München 1966, S. 1.

M 8 Stresemann in seiner letzten Rede vor dem Völkerbund (1929)

Politische Gedanken, namentlich mit irgendeiner Tendenz gegen andere Erdteile, lehne ich mit aller Entschiedenheit ab, ebenso alles, was wie eine wirtschaftliche Autarkie Europas aussehen könnte. (...) Was erscheint denn an Europa vom wirtschaftlichen Gesichtspunkt aus so außerordentlich grotesk? (...) Ist es nicht grotesk, dass Sie (...) die Entfernung von Süddeutschland nach Tokio um 20 Tage verkürzt haben, sich aber in Europa selbst stundenlang mit der Lokomotive irgendwo aufhalten lassen müssen, weil eine neue Grenze kommt, eine neue Zollrevision stattfindet, als wenn das Ganze ein Kleinkrämergeschäft wäre, das wir in Europa innerhalb der gesamten Weltwirtschaft noch führen dürfen? (...) Wo bleibt die europäische Münze, die europäische Briefmarke? (...) Wir in unserem Kreise, wir haben die nüchterne Aufgabe, die Völker einander näher zu bringen, ihre Gegensätze zu überbrücken.

Geschichte in Quellen, Bd. 6: Weltkriege und Revolutionen 1914–1945 (Bearb./Übers.: Günter Schönbrunn). München 1979, S. 225 f.

Fragen und Anregungen

1. Vergleiche die Inhalte der Reden Bismarcks (M5) und Wilhelms II. (M7): Welche Zielvorstellungen entwickeln die beiden Staatsmänner, wie wollen sie zur Erreichung dieser Ziele vorgehen?
2. Erkläre, welchen Wandlungen die deutsche Außenpolitik zwischen Kaiserreich und Weimarer Republik unterworfen war (M5, M7, M8). Welche Ereignisse spielten dabei eine Schlüsselrolle?
3. Begründe die Entscheidung, den Friedensnobelpreis an Aristide Briand, den französischen Außenminister, und an seinen deutschen Kollegen Gustav Stresemann zu vergeben. (M6, M8)
4. Beschreibe die Zukunftsvorstellung von Europa, die Stresemann in seiner letzten Rede vor dem Völkerbund entwarf (M8). Vergleiche sie mit dem heutigen Zustand Europas.

9. Arbeiten an Collagen oder mit Quellensammlungen

Arbeiten an Collagen

Eine Variante, ein historisches Thema zu vertiefen, ist die Erstellung einer Wand-Collage, die im Klassenzimmer angebracht werden kann.
Hier eine Auswahl von Materialien zum Thema „neue Geschlechterrolle der Frau ab ca. 1900“: Erstellt zu diesem Thema eine Collage. Vergleicht das dargestellte Frauenbild mit dem des 19. Jahrhunderts.

M 1 Werbeplakat für Damenstrümpfe (Ludwig Hohlwein, um 1920)

M 2 Wahlplakat der DDP, 1919

M 3 Frauen in der Rüstungsindustrie (Fotografie, 1919)

COLLAGE

Eine Collage ist die Verbindung von Bildmaterial, Textausschnitten, eigenen Kommentaren und grafischer Gestaltung (Pfeile, Kästen etc.). Das Ganze kann auf Plakaten oder größeren Flächen („Wandzeitung“) realisiert werden.

M 4 Meilensteine der Frauenbewegung

- 1865 Gründung des Allgemeinen Deutschen Frauenvereins (ADF), der v. a. für das Recht auf Bildung und Erwerbsarbeit für bürgerliche Frauen eintrat.
- 1894 Gründung eines Dachverbands: Bund deutscher Frauenvereine (BDF); die proletarische Frauenbewegung, die die Fabrikarbeiterinnen vertritt, bleibt allerdings ausgeschlossen.
- Zwischen 1900 und 1909 wird die Zulassung von Frauen für Universitätsstudiengänge in den meisten deutschen Ländern durchgesetzt.
- Während des Ersten Weltkrieges spielen Frauen eine wichtige Rolle an der „Heimatfront“ im „Nationalen Frauendienst“; ein anderer Teil der Frauenbewegung engagiert sich im Internationalen Frauenfriedenskongress in Den Haag.
- Mit Gründung der Weimarer Republik 1919 wird das aktive und passive Frauenwahlrecht eingeführt.

Zusammenstellung des Verf.

Achtet beim Erstellen eurer Collagen:

- auf eine ansprechende äußere Gestaltung,
- auf eine gute Mischung zwischen Text und Bildmaterial,
- auf eigene Ideen, die mit eingebracht werden können,
- auf genügend Material,
- auf eine gute Struktur (z. B. bei diesem Thema: Gliederung nach Wandlung im Äußeren; politischer Einfluss; Alltag und Gesellschaft).

Arbeiten mit Quellensammlungen

Zu einem Thema, das euch besonders interessiert, können Quellensammlungen erstellt werden. Hier sammelt ihr alles, was ihr zu dem Themenbereich an Originalaussagen oder Material recherchieren und in Erfahrung bringen könnt und dokumentiert es entweder in einer Mappe oder einer Wandzeitung im Klassenzimmer. „Internet-Profis" können eine Homepage gestalten. Als Beispiel, das von euch noch erweitert werden kann, hier eine Auswahl zum Thema „Pazifismus".

PAZIFISMUS

Von lat. pax = Frieden; Grundhaltung, die kriegerische Handlungen strikt ablehnt. Kriege kommen für Pazifisten als Lösungsmöglichkeit bei Konflikten niemals in Frage, der Frieden soll unter allen Umständen gewahrt werden. Eine besondere Dynamik bekam die pazifistische Bewegung vor und während des Ersten Weltkrieges.

M 7 **Bertha v. Suttner auf der österreichischen 2-Euro-Münze**

M 5 Aus dem Roman „Die Waffen nieder" (1889)

Bertha von Suttner (1843–1914) war eine engagierte Pazifistin und erhielt 1905 – als erste Frau – den Friedensnobelpreis:

Überhaupt, die Geschichte! Die ist, so wie sie der Jugend gelehrt wird, die Hauptquelle der Kriegsbewunderung. Da prägt sich schon dem Kindersinne ein, dass der Herr der Heerscharen unaufhörlich Schlachten anordnet; (...) dass wohl Schrecken und Greuel damit verbunden sind, letztere aber voll aufgewogen werden: für die Gesamtheit durch die Wichtigkeit der Resultate, für den Einzelnen durch den dabei zu erreichenden Ruhmesglanz oder doch durch das Bewusstsein der erhabensten Pflichterfüllung. Gibt es denn einen schöneren Tod als den auf dem Felde der Ehre – eine edlere Unsterblichkeit als die des Helden? Das alles geht klar und einhellig aus allen Lehr- und Lesebüchern „für den Schulgebrauch" hervor (...).

Man muss (des Kindes) Geist abhärten gegen den natürlichen Abscheu, den die Schrecken des Krieges hervorrufen könnten, indem man von den furchtbarsten Blutbädern und Metzeleien wie von etwas ganz Gewöhnlichem, Notwendigem so unbefangen als möglich erzählt (...).

Bertha von Suttner, Die Waffen nieder, 1889.

M 6 Liste der Friedensnobelpreisträger der letzten Jahre

2007 Al Gore und der UNO-Klimarat IPCC (Einsatz gegen eine drohende Klimakatastrophe)
2006 Muhammad Yunus und die von ihm gegründete Grameen Bank (Vergabe von Mikrokrediten an sehr arme Menschen)
2005 IAEO (Internat. Atomenergieorganisation)
2004 Wangari Maathai (Beitrag für Umweltschutz und Demokratie)
2003 Shirin Ebadi (Einsatz für Demokratie und Menschenrechte im Iran)
2002 Jimmy Carter (ehemaliger Präsident der USA, Engagement für Frieden und Menschenrechte)
2001 Die UNO und ihr Generalsekretär Kofi Annan
2000 Kim Dae-jung (Beiträge zur Verständigung Südkoreas mit Nordkorea)
1999 Ärzte ohne Grenzen
1998 John Hume und David Trimble (Bemühen im Nordirland-Konflikt)
1997 Internationale Kampagne für das Verbot von Landminen und Jody Williams
1996 Carlos Felipe Ximenes Belo und José Ramos-Horta (Bemühen um Versöhnung im Ost-Timor-Konflikt)

Zusammenstellung d. Verf.

Fragen zum Thema Pazifismus:

1. Nehmt die oben genannten Persönlichkeiten (M6, M7) als Ausgangspunkt für weitere Recherchen: Stellt einige Persönlichkeiten in Kurzreferaten vor.
2. Sucht zu folgenden Personen Textquellen (z. B. Äußerungen, Ausschnitte aus Reden oder Werken), die ihre pazifistische Grundhaltung verdeutlichen: Jean-Henri Dunant, Carl v. Ossietzky, Mahatma Gandhi, John Lennon.
3. Diskutiert in eurer Klasse: Ist es in der heutigen Zeit realistisch, eine streng pazifistische Grundhaltung einzunehmen? Welche Möglichkeiten gibt es, Konflikte auf der Welt ohne Krieg zu lösen?
4. Erarbeite Argumente, die Suttner für die landläufige „Kriegsbewunderung" bringt. Inwiefern ist der Textausschnitt M5 pazifistisch?

10. Bayerns Weg – Von der Monarchie zur Demokratie

7./8. November 1918	Kurt Eisner führt die Revolution in Bayern an und ruft den „Freien Volksstaat" aus.
13. November 1918	König Ludwig III. dankt ab.
21. Januar 1919	Kurt Eisner wird erschossen.
Mai 1919	Die im April ausgerufene „Räterepublik" wird blutig niedergeschlagen.

M 1 Kurt Eisner, erster bayerischer Ministerpräsident
(7. 11. 1918–21. 02. 1919; Ausschnitt einer Postkarte, Ludwig Welsch, München 1918)

Auch in Bayern: Kriegsmüdigkeit

In Bayern war man gegen Ende des Ersten Weltkrieges genauso kriegsmüde wie in anderen Gebieten Deutschlands. Deshalb nahmen weite Teile der Bevölkerung Münchens die Nachrichten vom Matrosenaufstand in Kiel und der Ausbreitung der Unruhen wohlwollend auf. SPD und USPD veranstalteten am 7. November 1918 auf der berühmten Münchner Theresienwiese eine Kundgebung, an der über 50 000 Menschen teilnahmen. Dort forderte man unter anderem einen sofortigen Waffenstillstand und die Abdankung des Kaisers.

Revolution in Bayern: „Freier Volksstaat"

Nach Ende der Veranstaltung nutzte der Führer der USPD, Kurt Eisner, die Gunst der Stunde und leitete einen Demonstrationszug durch München, der in der Revolution gipfelte. Dem nur wenige Tausend Menschen zählenden Zug schlossen sich – ohne militärische Auseinandersetzungen – Soldaten der Münchner Kasernen an, die die Demonstranten bewaffneten. Daraufhin besetzte man nach und nach weitere für einen Umsturz wichtige Objekte (z. B. die Ministerien, den Landtag, Zeitungsredaktionen, das Telegrafenamt). Schließlich konnte Eisner den „Freien Volksstaat Bayern" ausrufen. Ein Arbeiter- und Soldatenrat übernahm die Regierung, Eisner wurde Ministerpräsident. Plötzlich war Bayern Republik, noch bevor die Revolution im Rest Deutschlands auf ihrem Höhepunkt angelangt war.
Bis dahin hatte in Bayern König Ludwig III. regiert. Die Ereignisse überstürzten sich aber dermaßen schnell, dass die amtierende Regierung keine geeigneten Gegenmaßnahmen ergreifen konnte. Der Kriegsminister war nicht einmal mehr in der Lage, eine Kompanie zur Verteidigung der Monarchie zusammenzutrommeln. Ludwig blieb nichts anderes übrig, als zu fliehen und am 13. November schließlich auf die Regierungsgewalt zu verzichten.

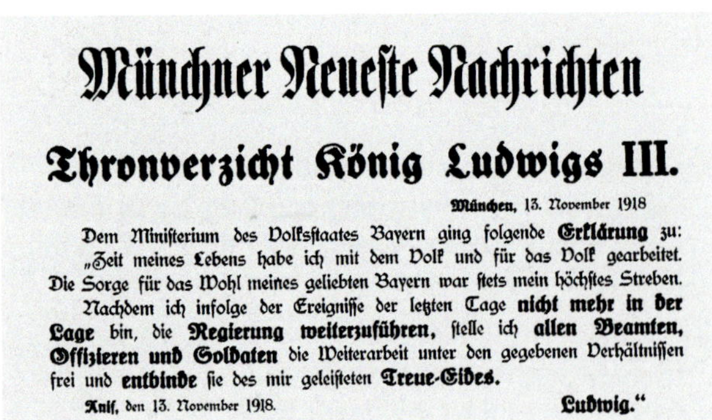

Münchner Neueste Nachrichten

Thronverzicht König Ludwigs III.

München, 13. November 1918

Dem Ministerium des Volksstaates Bayern ging folgende **Erklärung** zu: „Zeit meines Lebens habe ich mit dem Volk und für das Volk gearbeitet. Die Sorge für das Wohl meines geliebten Bayern war stets mein höchstes Streben.
Nachdem ich infolge der Ereignisse der letzten Tage **nicht mehr in der Lage** bin, die **Regierung weiterzuführen**, stelle ich **allen Beamten, Offizieren und Soldaten** die Weiterarbeit unter den gegebenen Verhältnissen frei und **entbinde** sie des mir geleisteten **Treue-Eides**.

Anif, den 13. November 1918. **Ludwig.**"

M 2 Zeitgenössischer Zeitungsartikel

Es zeigten sich aber bald erste Probleme für die neue Regierung (USPD und SPD gemeinsam) unter Eisner: Wie sollte dieses neue Bayern regiert werden? Als reines Rätesystem nach sowjetrussischem Vorbild (vgl. S. 8, M6)? Das wollte Eisner selbst nicht. Er wollte auch keine Gewaltanwendung. Andererseits hatten sich in vielen Städten schon Arbeiter-, Soldaten- und Bauernräte gebildet, die natürlich Mitsprache und die Fortführung der Revolution fordern würden. Was sollte mit ihnen geschehen, wenn es zu einer gemäßigten parlamentarischen Demokratie (vgl. S. 8, M6) käme, wie sie die SPD forderte?

Ermordung des Ministerpräsidenten

Diese Frage war noch nicht abschließend geklärt, als am 12. Januar 1919 ein bayerischer Landtag gewählt werden sollte. Spätestens hier zeigte sich die Ablehnung der Bevölkerung gegenüber einem Rätesystem. Eisners Partei (USPD) erlitt in dieser Wahl eine so schwere Niederlage (nur 2,5 % der Stimmen), dass der Ministerpräsident bei der ersten Landtagssitzung am 21. Januar zurücktreten wollte. Doch auf dem Weg dorthin wurde er ermordet: Ein monarchistischer Revolutionsgegner, Graf Arco Valley, erschoss Kurt Eisner.

Unauflösbare Widersprüche

Im Nachhinein lässt sich sagen, dass sich Kurt Eisner in einer verzwickten Situation befunden hatte, die voller Widersprüche war:
- Er war durch Räte an die Macht gekommen, hatte jedoch selbst Bedenken gegen dieses System und wollte eher eine „Mischlösung".
- Er konnte die Macht nur erringen, weil die politische und wirtschaftliche Situation chaotisch war, schaffte es mit seiner Regierung aber auch nicht, klare Verhältnisse und eine bessere Versorgung der Menschen zu gewährleisten.
- Er als Person war bei den Menschen sehr angesehen und beliebt – das zeigte nicht zuletzt die überwältigende Anteilnahme der Bevölkerung bei seinem Begräbnis –, seine Partei hingegen wurde bei den Wahlen gnadenlos abgestraft.

Die Probleme, die sich daraus ergaben, konnte Eisner nicht lösen, seine Regierung war daher schon früh zum Scheitern verurteilt.

Bürgerkrieg: von der Räterepublik zum Freistaat Bayern

Nach dem Tod Eisners wurden die politischen Verhältnisse noch unübersichtlicher. Erst im März konnte unter dem Ministerpräsidenten Hoffmann (SPD) ein Landtag zusammentreten. Die neue Regierung musste jedoch bald von München nach Bamberg fliehen, weil mittlerweile die Kommunisten die Macht an sich gerissen hatten und am 7. April eine „echte" Räterepublik ausriefen.
Es kam zu bürgerkriegsähnlichen Kämpfen zwischen den Kommunisten und denen, die eine Räterepublik verhindern wollten, wobei beide Seiten mit großer Grausamkeit vorgingen. Die Regierung Hoffmann nahm schließlich, um München zurückzuerobern, die Hilfe von Reichswehrtruppen und sogar von Freikorps in Anspruch. Im Mai 1919 wurde die Räterepublik gewaltsam beendet. Vor allem Freikorpssoldaten verübten dabei brutale Racheaktionen gegen Kommunisten. Die Regierung Hoffmann kehrte im Mai nach München zurück: Bayern sah sich von nun an als ein demokratischer Freistaat.

M 3 Freikorps ziehen durch München
Auf dem Bild sind Freikorpstruppen nach der gewaltsamen Niederschlagung der Räterepublik zu sehen.

M 4 Stationen der Biografie Eisners

1867 Kurt Eisner wird als Sohn eines jüdischen Fabrikanten geboren. Seine jüdische Abstammung ist später immer wieder Grund für Anfeindungen durch seine Gegner.

1893–1898 Eisner arbeitet als Journalist in Marburg, nachdem er Germanistik und Philosophie studiert hatte.

1897 Eisner sitzt wegen eines kritischen Zeitungsartikels zehn Monate („Majestätsbeleidigung") in Haft.

1898 Eisner tritt in die SPD ein und arbeitet bei sozialdemokratischen Zeitungen.

1910 Kurt Eisner zieht nach München.

1914/15 Eisner entwickelt sich zum scharfen Kritiker der deutschen Kriegspolitik.

1917 Er wird Vorsitzender der USPD.

1918 Im Januar organisiert er als Protestaktion einen Munitionsarbeiterstreik und wird dafür sieben Monate inhaftiert.

7./8. November 1918: Eisner wird Ministerpräsident und Außenminister Bayerns; im selben Monat lässt er Dokumente veröffentlichen, die die deutsche Kriegsschuld beweisen sollen.

1919 Nach der Wahlniederlage der USPD will Eisner zurücktreten und wird auf dem Weg zum Landtag erschossen.

Zusammenstellung d. Verf.

M 5 „Eisner ist tot"

Der Schriftsteller Oskar Maria Graf erinnert sich:

Eines Morgens – ich wollte mir gerade Drahtstifte kaufen – lief wie ein Lauffeuer in alle Winkel und Ecken der aufgepeitschten Stadt: „Kurt Eisner ermordet! Minister Auer schwer verwundet, Zentrumsabgeordneter Osel tot, Major Jareis angeschossen. Schießerei und Panik im Landtag!"

Man schrieb den 21. Februar. Der Landtag sollte heute eröffnet werden. Es war klarkalt. Ich rannte, so wie ich war, ohne Hut und Mantel weiter. Alles in mir war durcheinandergewühlt.

Die Glocken von allen Türmen fingen zu läuten an, die Trambahnen hörten mit einem Male zu fahren auf, da und dort stieß jemand eine rote Fahne mit Trauerflor zum Fenster heraus, und eine schwere, ungewisse Stille brach an. Alle Menschen liefen mit verstörten Gesichtern stadteinwärts. Je weiter ich kam, desto aufgeregter wurde die dumpfe Hast. Vor dem Landtag ballte sich ein schwarzer Menschenknäuel, Soldaten und bewaffnete Zivilisten waren darunter. Ich stürmte weiter in die Promenadestraße, an den Mordplatz. Da hatten sich Hunderte schweigend um die mit Sägespänen bedeckten Blutspuren Eisners zu einem Kreis gestaut. Fast niemand sagte ein lautes Wort, Frauen weinten leis und auch Männer. Etliche Soldaten traten in die Mitte und errichteten eine Gewehrpyramide. Dem einen rannen dicke Tränen über die braunen Backen herunter. „Unser Eisner! Unser einziger Eisner!", klagte eine Frau laut auf, und jetzt wurde das Weinen vernehmbarer. Viele legten Blumen auf den Platz, immer mehr und immer mehr.

Plötzlich fuhr vorne am Promenadeplatz ein vollbesetztes Lastauto mit dichten Fahnen und Maschinengewehren vorüber, und laut schrie es herunter: „Rache für Eisner!" Furchtbar wie ein Sturmsignal klang es, und furchtbar wie ein gellender verzweifelter Aufschrei brach es aus Hunderten: „Rache! Rache für Eisner!" Mir lief es kalt über den Rücken. Ich ging weiter.

T. Dorst (Hg.), Die Münchner Räterepublik. Zeugnisse und Kommentar. Frankfurt am Main 1966, S. 57.

M 6 Der „Thronverzicht" Ludwigs III.

Der Vorsitzende des Ministerrates legte dem König einen Entwurf für eine Thronverzichterklärung vor. Ein Historiker schreibt dazu:

Er (der Entwurf) sah vor, dass Ludwig III. nicht nur für sich, sondern zugleich für alle Familienmitglieder des Hauses Wittelsbach dem Throne und allen dynastischen Ansprüchen entsagte. Dazu war der König jedoch nicht bereit. Die Erklärung, die Ludwig III. schließlich unterzeichnete, war ein Kompromiss, der es dem König formal erlaubte, die Ansprüche auf die Krone aufrechtzuerhalten. Da er jedoch eingestehen musste, nicht mehr in der Lage zu sein, die Regierung weiterzuführen, entband er am 13. November 1918 alle Beamten, Offiziere und Soldaten von dem Treueid, den sie geleistet hatten, und stellte ihnen die Weiterarbeit frei. Der Text seiner Erklärung wurde von Eisner im Wortlaut veröffentlicht, durch einen Zusatz jedoch in einen „Thronverzicht" uminterpretiert.

B. Grau, in: Süddeutsche Zeitung vom 04. 12. 2005.

M 7 Glückwunschtelegramm Lenins zur Revolution

Wir (...) begrüßen unsererseits von ganzem Herzen die Räterepublik in Bayern. Wir bitten, Sie mögen uns häufiger und konkreter mitteilen, welche Maßnahmen Sie zwecks der Bekämpfung der bürgerlichen Henker (...) durchgeführt haben, ob Sie in Stadtbezirken Arbeiterräte und Hausangestelltenräte geschaffen haben, ob Sie die Bourgeoisie entwaffnet haben und die Arbeiter bewaffnet, ob Sie die Reichtümer der kapitalistischen Landwirtschaftsunternehmungen in der Umgebung expropriiert, (...) ob Sie die Löhne der Landarbeiter und der ungelernten Arbeiter verdoppelt und verdreifacht haben, (...) ob Sie den sechsstündigen Arbeitstag (...) eingeführt haben, ob Sie die Bourgeoisie gezwungen haben, weniger Raum zu bewohnen zwecks sofortiger Einführung der Arbeiter in reichen Wohnungen, ob Sie alle Banken in ihre Hände genommen haben (...). Beste Grüße und Wünsche wirklicher Erfolge.

Wladimir Iljitsch Lenin

T. Dorst (Hg.), Die Münchner Räterepublik. Zeugnisse und Kommentar. Frankfurt am Main 1966, S. 109.

M 8 Gewalt und Gegengewalt

Ein Zeitgenosse erinnert sich an eine Geißelerschießung und ihre blutige Vergeltung:

Unter dem Eindruck dieser Gerüchte und Meldungen (gemeint sind willkürliche Erschießungen durch Freikorps), die eine Panik-Stimmung erzeugten, wurden acht Mitglieder eines „Thule-Bundes“ (rechte Vereinigung) und zwei Freikorpsleute, die aus Berlin gekommen waren, von einem Standgericht im Luitpold-Gymnasium erschossen. Diese Erschießungen erfolgten am 29. April (...).

Alle Beteiligten am Standgericht und an den Erschießungen wurden zum Tode verurteilt und erschossen. Unbeteiligte Zuschauer erhielten je sechs Jahre Zuchthaus. Es wurden hier Personen nur deswegen verurteilt, weil sie die Erschießungen nicht verhindert hatten (...).

Die Mord- und Plünderungsfreiheit der Freikorpstruppen nach dem Einmarsch in München ist oft geschildert worden. Die im Weltkrieg geschlagenen Truppen durften sich jetzt austoben. Nach amtlichen Angaben wurden vom 1. bis 8. Mai 557 Männer und Frauen erschossen oder erschlagen.

K. Retzlaw, Spartakus. Aufstieg und Niedergang. Erinnerungen eines Parteiarbeiters. Frankfurt am Main 1976, S. 152 ff.

M 9 Kurt Eisner mit seiner Frau und dem bayerischen Minister Unterleitner (rechts) in München (Fotografie, Februar 1919) Wenige Tage nach Aufnahme des Bildes wurde Eisner ermordet. Tausende gaben Eisner am 26. Februar 1919 das letzte Geleit.

Fragen und Anregungen

1. Erläutere, warum die Revolution in Bayern anfangs auf so wenig Widerstand stieß. (VT)
2. Erkläre, wodurch Eisner besonders rechte und nationalistische Kreise gegen sich aufgebracht hat. (M4)
3. Beschreibe die Reaktionen auf die Ermordung Eisners. (M5)
4. Erläutere, welche Maßnahmen Lenin in seinem Glückwunschtelegramm für wichtig in der Anfangsphase der Revolution hielt. Begründe deine Ausführungen. (M7)
5. Beurteile die Bestrafung des Eisner-Mörders und erkläre das in M5 vorkommende Zitat. (VT, M5)
6. Erkläre, warum man eigentlich nicht von einem „Thronverzicht“ Ludwigs sprechen kann. Ziehe dazu auch M2 heran. (M6)
7. Stelle dar, welche Ereignisse zur Eskalation der Gewalt führten. (VT, M8)

Weimarer Republik

1918 Novemberrevolution
1923 Hitlerputsch

Inflation

Es handelt sich dabei um die Bezeichnung für eine Geldentwertung durch Vermehrung der umlaufenden Geldmenge in Volkswirtschaften mit Papiergeld. Der Staat lässt Geld drucken, die Warenmenge wird aber nicht vermehrt. Die Störung des Verhältnisses zwischen Geldmenge und Warenwert führt zu steigenden Preisen und damit zu Kaufkraftschwund. Da auch die Sparguthaben an Wert verlieren, kommt es zu Hamsterkäufen und Warenhortung, zur „Flucht in die Sachwerte". Durch Inflation werden Bezieher fester Einkünfte, Sparer und Gläubiger geschädigt, nicht aber Schuldner und Besitzer von Sachwerten. Auf diese Weise vergrößert sich die soziale Ungleichheit zwischen Sachwertbesitzern und Lohnempfängern.

Weimarer Verfassung

Die Weimarer Verfassung, so benannt nach dem Ort, in dem sie durch die Nationalversammlung beschlossen wurde, ist die erste demokratische Verfassung Deutschlands. Der Reichstag wurde dabei nach dem Verhältniswahlrecht gewählt. Bei der Verhältniswahl werden die Sitze im Parlament im gleichen Verhältnis verteilt, wie die Partei bei der Wahl Stimmen erhalten hat. Ein Vorzug der reinen Verhältniswahl ist die Wahlgerechtigkeit, da keine Stimme verloren geht. Der Nachteil liegt in der möglichen Parteienzersplitterung, da jede noch so kleine Partei im Parlament vertreten ist. Dies war auch ein Problem in der Weimarer Republik, das vor allem in der Endphase die Regierungsarbeit fast unmöglich machte.

Textquellen beurteilen
1. Wer hat den Text geschrieben?
2. Wann wurde der Text geschrieben?
3. Was ist Thema, Inhalt und wesentliche Aussage des Textes?
4. Werden besonders auffallende Begriffe verwendet? Was bedeuten sie heute, was bedeuteten sie zur Zeit der Abfassung des Textes?
5. Für wen war der Text bestimmt?
6. Was für Absichten könnten mit der Abfassung des Textes verbunden gewesen sein? Wird ein Sachverhalt parteiisch wiedergegeben, wird eine Person einseitig beurteilt?
7. Findet der Text Bestätigung durch andere Texte aus der Zeit oder auch durch Quellen anderer Art?

Bilder lesen
1. Beschreibe möglichst genau, was du auf dem Bild siehst. Vor der Erklärung brauchst du eine sachliche und genaue Beschreibung.
2. Lege dar: Welche Figuren, Personen, Tiere usw. sind abgebildet?
3. Beschreibe ihre Größe, Kleidung, Körperhaltung etc.
4. Was sagt uns das Bild über das Verhältnis der Figuren zueinander?
5. Welche der Personen kannst du an Merkmalen erkennen?
6. Beschreibe die Tätigkeiten und Gegenstände, die zu erkennen sind, möglichst sachlich genau.
7. Ist die Darstellung naturgetreu oder gibt es Dinge, die so in der Wirklichkeit nicht vorkommen?

Geschichtskarten verstehen
1. Man unterscheidet zwischen Karten, die einen Zustand wiedergeben, und solchen, die eine Entwicklung verdeutlichen.
2. Informationen einer Karte werden durch die Legende, die Maßstabsangabe, die unterschiedliche Farbgebung, Begriffe, Zeichen und Symbole vermittelt.
3. Stelle das Thema der Karte fest, das durch die Überschrift und einen Text ausgegeben wird.
4. Beachte den Maßstab, der die Größe des dargestellten Raums verdeutlicht.
5. Lies die Legende, die mit ihren Symbolen über die Einzelheiten geographischer und geschichtlicher Art informiert.
6. Beachte den Ausschnitt, der den Raum, dessen Geschichte dargestellt wird, begrenzt.
7. Beachte, dass Karten einen Zustand zu einem bestimmten Zeitpunkt oder eine Entwicklung während eines Zeitraums darstellen.

Gegenständliche Zeugnisse als Quellen
1. Klärung der Fakten: Wann wurde der Gegenstand gefunden? Wo wurde er gefunden? Bei welcher Gelegenheit wurde er gefunden?
2. Beschreibung des Gegenstandes: Was erkenne ich? Welche Form hat der Gegenstand? Welche Farbe hat er? Was ist an ihm besonders auffällig?
3. Vergleich mit Bekanntem: Woran erinnert mich dieser Gegenstand? Kenne ich etwas, was ähnlich aussieht? Worum handelt es sich dabei? Welche Unterschiede zu dem bekannten Gegenstand fallen mir auf? Was könnten diese Unterschiede bedeuten?

Textquellen verstehen
1. Was kann ich über den Verfasser erfahren?
2. Um was für eine Art von Text handelt es sich? Zum Beispiel um einen Bericht, einen Brief, einen Vertrag, eine Anekdote, einen Romanauszug?
3. Welche Ausdrucksformen benützt der Verfasser? Zum Beispiel kühl berichtend, beschreibend, ironisch, belehrend?
4. Will der Verfasser mit seinem Text etwas Bestimmtes erreichen?
5. An wen wendet sich der Verfasser?

Bilder als Meinungsmacher
1. Informiere dich über das Entstehungsjahr des Bildes, über damalige Ereignisse, über die dargestellten Personen oder Gruppen (Bildlegende, Lexikon, Internet).
2. Verwendete der Zeichner bzw. der Maler eine Vorlage? Wenn ja, veränderte er sie? Was übernahm er?
3. Ist ein Bildteil oder ein Detail besonders wichtig? Wie drückt der Zeichner bzw. der Maler dies aus?
4. Welche Aussage will das Bild machen?

Statistiken als Geschichtsquellen
1. Kläre die Herkunft des statistischen Materials:
   – Wer hat es aus welchen Gründen zusammengestellt?
   – Beruhen die Zahlen auf Schätzungen oder Zählungen?
2. Untersuche den Sachverhalt:
   – Welcher Sachverhalt wird von den Zahlen angesprochen?
   – Reicht das Material aus?
   – Welcher Zeitraum ist betroffen?
   – Kann man Zusammenhänge mit anderen Informationen oder Entwicklungen erkennen?
3. Du kannst statistisches Material nicht nur in Tabellen, sondern auch anschaulich in Kurven, Säulen oder Kreissegmenten darstellen. Verschaffen die grafischen Mittel einen besseren Überblick?
4. Bleibe vorsichtig, denn Zahlen können lügen:
   – Sind die Zahlen vollständig oder einseitig ausgewählt?
   – Wird bei den Grafiken ein Maßstab gewählt, der bestimmte Entwicklungen verzerrt darstellt?

Politische Plakate untersuchen
1. Sachanalyse:
a) Sammeln erster Eindrücke: Wie wirkt das Plakat auf den ersten Blick, was fällt spontan auf?
b) Konkretisierung: Welche Details sind abgebildet, in welcher Anordnung und Größe, welche Farben wurden verwendet, welche anderen grafischen Elemente? Welche Textaussagen in welcher Anordnung enthält das Plakat?
c) Vorwissen einbringen: Was weißt du über Entstehungszeit und -anlass, wer ist der Auftraggeber, welches Thema wird angesprochen?

2. Interpretation:
Wodurch gewinnt und fesselt das Plakat? In welche Richtung soll der Betrachter gelenkt werden? Gibt es eine bestimme Adressatengruppe? Gibt es ein Freund- oder Feindbild? Gibt es Symbole, die eine bestimmte Richtung verherrlichen oder Abscheu erregen sollen? Mit welchen Elementen des Plakates wird diese Wirkung erreicht?

Bildnachweis

Umschlag, Hitler-Ludendorff-Putsch am 9.11.1923: BPK, Berlin; „Sie tragen die Buchstaben der Firma, wer aber trägt den Geist?“, Karikatur zur Weimarer Republik: VG Bild-Kunst, Bonn 2005; Schlange vor einem Berliner Lebensmittelgeschäft (Fotografie, 1923): BPK, Berlin; Freikorps ziehen durch München: aus Weimarer Republik. Hg. v. Kunstamt Kreuzberg und dem Institut für Theaterwissenschaften der Universität Köln. Berlin 1977, S. 164.
3, Philipp Scheidemann ruft am 9. November 1918 die Republik aus: AKG, Berlin; „Sie tragen die Buchstaben der Firma, wer aber trägt den Geist?“, Karikatur zur Weimarer Republik: VG Bild-Kunst, Bonn 2005; Plakat der Reichsregierung zum Ruhrkampf 1923: AKG, Berlin; Deutsche Lufthansa: AKG, Berlin
4/5, „Sie tragen die Buchstaben der Firma, wer aber trägt den Geist?“, Karikatur zur Weimarer Republik: VG Bild-Kunst, Bonn 2005; Die Weimarer Verfassung: AKG, Berlin; Revolutionäre Soldaten am Brandenburger Tor, November 1918: BPK, Berlin; Wahlplakat von 1929: Bundesarchiv Koblenz; „Der Kaiser hat abgedankt!“: AKG, Berlin; Philipp Scheidemann ruft am 9. November 1918 die Republik aus: AKG, Berlin; Inflationsgeld: Ullstein Bild Berlin; Werbeplakat, 1923: AKG, Berlin
6, M1: AKG, Berlin; M2: BPK, Berlin; M3: Süddeutscher Verlag Bilderdienst, München
7, M4: AKG, Berlin
8, M5: AKG, Berlin
9, M7, M8: BPK, Berlin
10, M1: Deutsches Historisches Museum, Berlin; M2: Silye, Adam, Wien
11, M3: BPK, Berlin
12, M4: Klett-Archiv, Stuttgart; M6: VG Bild-Kunst, Bonn 2005
14, M1: AKG, Berlin
15, M2: AKG, Berlin
16, M3, M4: BPK, Berlin
17, M8, VG Bild-Kunst, Bonn 1997, BPK, Berlin
18, M1: AKG, Berlin
19, M2: Langewiesche-Brandt KG Verlag
20, M1: Klett-Archiv, Stuttgart
21, M2: BPK, Berlin; M3: Süddeutscher Verlag Bilderdienst, München
22, M4: AKG, Berlin; M5: BPK, Berlin
23, M6: Klett-Archiv, Stuttgart
24, M7: AKG, Berlin
26, M1: AKG, Berlin
27, M2: AKG, Berlin
28, M3: BPK, Berlin; M6: AKG, Berlin
29, M10: AKG, Berlin
30, M1: AKG, Berlin
31, M2: AKG, Berlin
32, M3: BPK, Berlin; M4: Siemens AG; M5: AKG, Berlin
33, M7: AKG, Berlin; M8: Süddeutscher Verlag Bilderdienst, München
34, M1: Silye, Adam, Wien
35, Reichstagswahlen 1903 und 1912: Silye, Adam, Wien
36, Reichstagswahlen 1920 und 1928: Silye, Adam, Wien
37, M1: AKG, Berlin; M2: BPK, Berlin; M3: AKG, Berlin
38, M4: AKG, Berlin
40, M1: AKG, Berlin; M2: Picture Alliance/dpa; M3: AKG, Berlin
41, M7: Picture Alliance/dpa
42, M1: Picture Alliance, dpa; M2: Österreichische Nationalbibliothek, Wien
43, M3: aus: Weimarer Republik. Hg. v. Kunstamt Kreuzberg und dem Institut für Theaterwissenschaften der Universität Köln. Berlin 1977, S. 164
45, M9: Picture Alliance/AKG, Berlin
46, „Sie tragen die Buchstaben der Firma, wer aber trägt den Geist?“, Karikatur zur Weimarer Republik: VG Bild-Kunst, Bonn 2005